龙江特大桥养护管理手册

云南省交通投资建设集团有限公司　组织编写

人民交通出版社

北京

内 容 提 要

本书以龙江特大桥为例,从悬索桥主要病害、养护管理工作、检查及养护、健康监测及除湿系统等方面,全面介绍和总结了大跨径悬索桥的养护管理工作。

本书共10章,分别为概况、大跨径钢箱梁悬索桥主要病害、管理机构及职责、养护管理工作、检查及检测评估、主桥检查与维护、桥面铺装养护、健康监测及除湿系统、运营管理及设施设备安全操作规程。

本书主要供千米级跨径钢箱梁悬索桥的养护管理专业工程技术人员使用,也可供相关大型桥梁管养和运维人员参考。

图书在版编目(CIP)数据

龙江特大桥养护管理手册 / 云南省交通投资建设集团有限公司组织编写. — 北京：人民交通出版社股份有限公司, 2025.4. — ISBN 978-7-114-19597-6

Ⅰ. U448.25-62

中国国家版本馆 CIP 数据核字第202403CT69号

书　　名:	龙江特大桥养护管理手册
著 作 者:	云南省交通投资建设集团有限公司
责任编辑:	姚　旭　钟　伟
责任校对:	赵媛媛
责任印制:	张　凯
出版发行:	人民交通出版社
地　　址:	(100011)北京市朝阳区安定门外外馆斜街3号
网　　址:	http://www.ccpcl.com.cn
销售电话:	(010)85285857
总 经 销:	人民交通出版社发行部
经　　销:	各地新华书店
印　　刷:	北京建宏印刷有限公司
开　　本:	787×1092　1/16
印　　张:	12
字　　数:	285千
版　　次:	2025年4月　第1版
印　　次:	2025年4月　第1次印刷
书　　号:	ISBN 978-7-114-19597-6
定　　价:	80.00元

(有印刷、装订质量问题的图书,由本社负责调换)

《龙江特大桥养护管理手册》

组织编写单位：云南省交通投资建设集团有限公司

起 草 单 位：云南省交通投资建设集团有限公司
　　　　　　　　云南省交通规划设计研究院股份有限公司
　　　　　　　　云南省交通投资建设集团有限公司保山管理处

编 写 组

主　　　编：熊　涛
副 主 编：但路昭　高玉慧
编写人员：伍乾坤　陈兴文　卢　建　赵又珏　孙　玉　马　然
　　　　　　 和四勇　杨昭斌　杨明双　杨　涛　伍　波　陈　红
　　　　　　 刘　飞　杨文旭　代　攀　窦志荣　杨　帆　邱大彦
　　　　　　 赵元昌　席恩伟　李　清　李冉冰　龚建臻　朱应洪

技术专家组

组　　　长：李忠海
副 组 长：马　健
组　　　员：沈永林　王承格　郭树彬

前 言

龙江特大桥是云南省第一座跨径超千米级的悬索桥,自2016年4月20日建成通车至今已有8年。为加强龙江特大桥的养护管理,确保桥梁安全运营,云南省交通投资建设集团有限公司根据2022年4月1日起实施的《公路缆索结构体系桥梁养护技术规范》(JTG/T 5122—2021)、2021年11月1日起实施的《公路桥涵养护规范》(JTG 5120—2021)、《公路长大桥隧养护管理和安全运行若干规定》(交公路发〔2018〕35号)和上级管理部门相关规定,参考了其他桥梁的养护管理经验,并结合本桥管养实际,组织编写了《龙江特大桥养护管理手册》。

本手册贯彻"规划指导、预防为主、防治结合、精细严密"的方针,力求具有规范性、科学性、实用性和可操作性,旨在保障龙江特大桥的安全性、耐久性与行车舒适性。

本手册共分10章,分为概况、大跨径钢箱梁悬索桥主要病害、管理机构及职责、养护管理工作、检查及检测评估、主桥检查与维护、桥面铺装养护、健康监测及除湿系统、运营管理及设施设备安全操作规程。

本手册有关管理方面的内容如组织机构,系根据云南省交通投资建设集团有限公司及保山管理处的现状编制,今后如有调整变化,按新要求执行。

本手册在执行中,如发生规程规范或法规修改、桥梁加固或改建引起重大结构改变等变化情况,应按新要求予以修订。限于编者水平,本手册难免有疏漏和不妥之处,欢迎各位同行批评指正,一起为大跨径缆索结构桥梁的维护管理作出贡献。

作　者

2024 年 4 月 20 日

目 录

第1章 概况 /1
    1.1 大桥概况 /2
    1.2 技术指标 /3
    1.3 水文条件 /4
    1.4 地质条件 /4
    1.5 气象条件 /5
    1.6 地震条件 /6
    1.7 技术特点 /6
    1.8 管养压力 /6

第2章 大跨径钢箱梁悬索桥主要病害 /9
    2.1 主缆系统病害 /10
    2.2 吊索系统病害 /11
    2.3 钢箱梁病害 /12
    2.4 锚碇及锚室病害 /13
    2.5 索塔病害 /14
    2.6 桥面铺装病害 /15

第3章 管理机构及职责 /17
    3.1 管理机构 /18
    3.2 各机构工作职责 /18

第4章 养护管理工作 /21
    4.1 养护工作目标 /22
    4.2 养护规划 /22
    4.3 养护依据 /23
    4.4 养护工程分类及管理 /24
    4.5 维护管理 /25
    4.6 主要构件使用寿命 /36

4.7　养护质量管理　/36
　　4.8　资料管理　/37
　　4.9　信息化管理　/38

第5章　检查及检测评估　/39
　　5.1　初始检查　/40
　　5.2　日常巡查　/43
　　5.3　经常检查　/44
　　5.4　定期检查　/48
　　5.5　特殊检查　/51
　　5.6　特殊/定检中的部分专门检查　/54
　　5.7　应急检查　/59
　　5.8　桥梁评定　/61

第6章　主桥检查与维护　/65
　　6.1　钢箱梁焊缝的检查与维护　/66
　　6.2　钢箱梁防腐涂层的检查与维护　/70
　　6.3　钢箱梁与螺栓的检查与维护　/74
　　6.4　主塔的检查与维护　/77
　　6.5　锚碇的检查与维护　/80
　　6.6　缆索的检查与维修　/83

第7章　桥面铺装养护　/107
　　7.1　钢桥面铺装技术概况　/108
　　7.2　钢桥面铺装的检查　/109
　　7.3　钢桥面铺装的养护历程　/111
　　7.4　钢桥面铺装的病害维修　/111

第8章　健康监测及除湿系统　/115
　　8.1　健康监测系统要求及目标　/116
　　8.2　健康监测系统构架及主要功能组成　/118
　　8.3　监测测点布置　/118
　　8.4　数据采集与传输系统总体设计　/130
　　8.5　健康监测系统日常维护保养　/132
　　8.6　主缆除湿系统　/134
　　8.7　钢箱梁除湿系统　/136

8.8　锚室除湿系统　/138
8.9　鞍室除湿系统　/138
8.10　除湿系统维护与保养　/139

第9章　运营管理　/143

9.1　风险点识别　/144
9.2　安全管理工作　/144
9.3　桥梁保护区管理　/145
9.4　重要部位进出口的管理　/145
9.5　桥上施工安全管理　/145
9.6　超限车辆过桥管理　/146
9.7　易燃易爆及危险品运输车辆在主桥抛锚　/147
9.8　发生车辆失火　/148
9.9　发生大风、暴雨、雷击　/148
9.10　危险品运输车辆通过大桥发生泄漏　/149
9.11　大桥重点要害部位发现可疑车辆　/150
9.12　大桥重点要害部位发现可疑人员破坏设施　/150
9.13　地震　/150

第10章　设施设备安全操作规程　/153

10.1　机房设备安全操作规程　/154
10.2　不间断电源(UPS)室安全操作规程　/154
10.3　低压配电室安全操作规程　/155
10.4　配电柜安全操作规程　/155
10.5　高压配电室安全操作规程　/156
10.6　监控室安全操作规程　/157
10.7　发电机安全技术操作规程　/157
10.8　电梯安全操作规程　/158
10.9　检查车安全操作规程　/158
10.10　自备电源投、切安全操作规程　/159

附录　/161

附录1　各参建单位技术支持联系方式　/162
附录2　桥梁基本情况　/163
附录3　技术特性分析管养注意事项一览表　/167
附录4　季度经常检查记录情况汇总表　/168
附录5　工作内容及费用清单　/175

第 1 章

概况

1.1 大桥概况

云南保腾高速公路起于保(山)龙(陵)高速公路小田坝,止于腾冲县中和村毛家营南侧岔路,止点接腾冲—猴桥公路、腾冲—陇川公路起点,路线全长63.94km。龙江特大桥于保腾高速公路K20+254~K22+090处跨越龙江,是保腾高速公路控制性工程,也是云南省首座特大跨径悬索式钢箱梁桥,其主桥为双塔单跨钢箱梁悬索桥,保山岸索塔高度为169.688m,腾冲岸索塔高度为129.703m。龙江特大桥全长2235.16m,采用双向四车道高速公路标准,设计速度为80km/h,桥面离江面285m,主跨1196m,跨径布置为320m+1196m+320m,结构为预应力混凝土T形梁桥+预应力混凝土连续箱梁桥+1196m钢箱梁悬索桥+预应力混凝土T形梁桥,抗震等级按Ⅸ度(9度)设防,主桥桥面宽33.5m(含检修道)。"云南强震山区千米级大跨悬索桥关键技术研究"列入云南省交通运输厅科研项目。该桥工程技术含量高,景观功能强,桥位地形、地质复杂,是高地震烈度下典型的山区高墩、大跨径桥梁,也是本项目创造"历史文化之旅、自然景观之旅、国际通道之旅"的标志性建筑。龙江特大桥立面图、钢箱梁标准断面图分别如图1-1、图1-2所示。

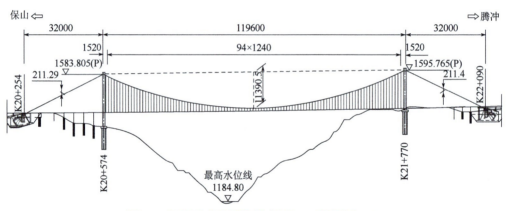

图1-1 龙江特大桥立面图(尺寸单位:cm;高程单位:m)

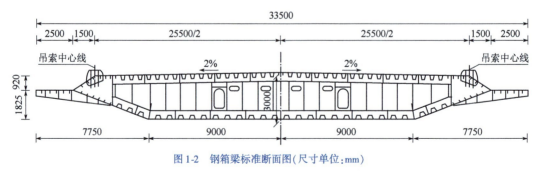

图1-2 钢箱梁标准断面图(尺寸单位:mm)

大桥主要工程数量:水泥混凝土318823m³,主缆10394t,钢箱梁15527t,钢筋25371t,钢绞线870t。

云南省交通投资建设集团有限公司龙江特大桥建设指挥部为大桥建设业主单位,分两个标段进行建设,A 合同段建设施工单位为中交第二公路工程局有限公司,B 合同段建设施工单位为中交路桥建设有限公司。大桥主体由原云南省交通规划设计研究院/中交公路规划设计院有限公司联合体负责设计。工程于 2011 年 8 月 5 日开工,2016 年 4 月 20 日建成通车运营,工程总投资 19.55 亿元。按公司运营体系,保山管理处负责龙江特大桥的养护管理。各参建单位详细信息见本书附录 A。

1.2 技术指标

(1)公路等级:双向四车道高速公路。
(2)设计速度:80km/h。
(3)车辆荷载等级:公路—Ⅰ级。
(4)人群荷载标准:2.5kN/m。
(5)温度荷载:设计基准温度取 20±5℃;正温差取 +26℃,负温差取 -21℃,线膨胀系数混凝土为 1.0×10^{-5},钢结构为 1.2×10^{-5}。
(6)桥面及引道路基宽度:
①主桥:(0.5m+2.75m+2×3.75m+0.5m+1m+0.5m+2×3.75m+2.75m+0.5m)(有效行车区域)+(2×2.5m+2×2.5m)(吊索区、风嘴及检修道)=33.5m。
②保山岸引桥:(0.5m+2.75m+2×3.75m+0.5m+1m+0.5m+2×3.75m+2.75m+0.5m)(有效行车区域)+(2×2.5m)(检修道)=28.5m。
③保山岸(腾冲岸)锚碇区引桥:0.5m+2.75m+2×3.75m+0.5m+1m+0.5m+2×3.75m+2.75m+0.5m=23.5m。
④保山岸(腾冲岸)引道:0.75m+2m+0.5m+2×3.75m+0.5m+2m+0.5m+2×3.75m+0.5m+2m+0.75m=24.5m。
(7)桥梁最大纵坡:小于 4.552%。
(8)桥面横坡:双向 2.0%。
(9)设计洪水频率:1/300。
(10)地震:结构抗震设防标准见表 1-1、表 1-2。

主桥抗震设防标准　　　　　　　　　　　　　　　　　　　　　　　表 1-1

设防地震概率水平	结构性能要求	结构校核目标
P1:100 年 10% (重现期 950 年)	桥塔、桩基础等结构基本不发生损伤,并保持在弹性范围内工作	桥塔、横梁、桩基地震反应小于初始屈服弯矩(验算应力,材料强度取设计强度)
P2:100 年 4% (重现期 2450 年)	桥塔、桩基础等结构局部可发生可修复的损伤,不影响使用	桥塔、横梁、桩基的地震反应小于等效屈服弯矩(材料强度取标准强度)

引桥(保山岸引桥)抗震设防标准　　　　　　　　　　　　　　　　表 1-2

设防地震概率水平	结构性能要求	结构校核目标
P1:50 年 10% (重现期 475 年)	桥墩、桩基础等结构基本不发生损伤,并保持在弹性范围内工作	桥墩、桩基地震反应小于初始屈服弯矩

续上表

设防地震概率水平	结构性能要求	结构校核目标
P2:50年3% (重现期1642年)	延性构件(墩柱)可发生损伤,产生弹塑性变形,耗散地震能量,但延性构件(墩柱)的塑性铰区域应具有足够的塑性变形能力	桥墩进入塑性后墩顶位移满足规范要求

(11)抗风设计标准:

使用阶段设计风速重现期100年$V_{100}=26.0 \mathrm{m/s}$(10级狂风摧毁房屋)。

施工阶段设计风速重现期10年$V_{10}=22.36 \mathrm{m/s}$。

设计基准风速根据《公路桥梁抗风设计规范》(JTG/T D60-01—2004)❶取用。

其他指标均按《公路工程技术标准》(JTG B01—2003)❷执行。

1.3 水文条件

龙川江发源于腾冲县北部中缅边境,沿高黎贡山西侧由北向南流至腾龙桥后转向西,上营以上的上游河段称龙川江,以下的中下游河段称龙江,桥址处于龙江中游河段。腾龙桥水文站以上龙川江汇水面积为3487km^2。据观测资料,龙川江平均水位4.33m,最高水位与最低水位相差5.24m,水位变幅较大;年平均流量149mm^3/s,年平均径流量47.2亿mm^3,最大流量是最小流量的77倍,是平均流量的8倍。龙川江属典型的山区性河流,为降雨补给,河水流量与降雨量在时间上相一致,雨季河水流量占全年流量的80%左右,为汛期,6—8月流量为峰期,最小流量出现在3—4月。

自芒棒至龙江的工作区一带,龙川江河面宽40~50m,河床平均纵坡降为3‰左右。沿河两岸支流水系较为发育,多呈树枝状展布,局部呈环状。支沟汇流面积一般为几至十几平方千米,大多源短流少。较大支流如打柴河、大勐柳河等切割深,中下游沟床纵坡降大多在50‰~100‰之间,枯季流量一般为8~35L/s;短小支流纵坡可达200‰以上,久旱多断流。大桥轴线处勘察期间的江水位高程为1181.21m,最高水位线高程1184.80m。桥址区两岸溪沟发育长短不一,以短小冲沟为主。大桥左侧冲沟(大丙弄冲沟)和腾冲岸锚碇右侧冲沟(麻栗树冲沟)有多条人工引水沟渠,枯季沟水多被农灌沟截流,沟内水流甚小。

工程区广泛分布上新统芒棒组地层,支流水系大多径流于玄武岩和砂砾岩、黏土岩分布区,以东西向为主,局部呈南北向,如大丙弄西侧后头河河段和邦换河会龙桥至任家湾河段,水系的发育与玄武岩节理裂隙有较好的对应性。

1.4 地质条件

龙江特大桥处于熔岩台地和河谷陡坡地形区,附近河段谷底高程在1180m左右,河谷深切,谷肩地带高程保山岸为1400~1450m,腾冲岸为1410~1480m,总体上由下游向上游逐渐

---

❶ 现已更新为 JTG/T 3360-01—2018。
❷ 现已更新为 JTG B01—2014。

降低。谷肩以下河谷狭窄,呈陡直或阶梯状谷坡,总体坡度在30°左右,腾冲岸桥位—帮听一线谷坡上部形成高60~80m的陡崖;谷肩以上熔岩台地地势开阔宽缓,总体向河谷倾斜,坡度5°~15°。

桥位区出露地层除地表不同部位分布的少量第四系松散覆盖层外,地层结构为新近系上新统芒棒组二段(N_2m^2)玄武岩夹砂岩、砾岩、黏土岩、粉砂质泥岩、凝灰岩。玄武岩为气孔状玄武岩和致密状玄武岩,所占比例分别为57.5%和42.5%;所夹的三套陆源碎屑岩层基本分布于河谷之下、边坡中部和顶部,多旋回韵律结构特征明显,岩相变化大,局部相变为凝灰岩。

保山岸工程地质:保山岸为阶梯地形,平台内地形平缓。覆盖层为含砾亚黏土,厚2.4~33.3m,上部基岩为第三系半成岩状黏土岩及砾砂岩等(全风化或强风化),厚度0~15.5m;其下伏第三系强~弱风化玄武岩,气孔状构造,裂隙不甚发育。

腾冲岸工程地质:腾冲岸位于低中山、中山区,区内第三系芒棒组上段半胶结砾岩、黏土岩及砾砂岩等,厚度5~30m,为软弱岩组,岩石易风化,抗压强度低;其下伏为上第三系芒棒组中段玄武岩,以强~弱风化为主,局部见微风化,玄武岩气孔状构造及裂隙不甚发育,面裂隙率4.3%;地下水赋存于熔岩裂隙中,泉水流量小于10L/s。由于玄武岩岩体节理发育,风化程度较东岸稍高,加之龙川江强烈的侧冲刷作用,导致大丙弄岸(西岸)的渣子树村南坡体于1953年发生一次大型崩塌型滑坡,该滑坡位于特大桥腾冲岸上游约200m处,滑坡宽约450m,长约400m,高约185m,属大型深层崩塌型滑坡,对陡峻的西岸岸坡的稳定性存在潜在影响。龙江特大桥腾冲岸位于该滑坡边缘,地形陡峻,覆盖层厚度较大,现状下植被发育,局部浅表层有蠕滑迹象,路线前进方向腾冲岸主墩左侧为一陡坎,陡坎下发育有岩堆。

1.5 气象条件

龙江特大桥所处北亚热带气候区,光照丰富,雨量充沛,年温差小、日温差大,干、雨季分明,气候宜人,具有明显的高原山地季风气候特点。据腾冲气象站资料,年平均气温14.8℃,历年3—11月平均气温均在14℃以上,其中5—9月高于20℃,极端最高气温40.4℃;12月—翌年2月月平均气温较低,但亦在7~10℃间,极端最低气温4.2℃(1964年1月31日)。区内气候垂直分带明显,气温随海拔增高而降低,一般海拔每增高100m,气温约降低0.5℃,但南坡暖于北坡,东背风坡暖于西迎风坡,深切割的狭窄河谷暖于开阔坝区,每年11月—翌年4月,高黎贡山顶有霜降与积雪,龙江河谷区则温暖如春。

本区降雨受孟加拉湾暖湿气流控制,每年5—10月为雨季,11月—翌年4月为旱季。腾冲地区年平均降雨量为1350~1500mm,最大2300mm,80%以上集中在雨季;雨季月平均降雨量为120~260mm,山区可达1088mm,最大一日降雨量达100.8mm。龙江河谷区年均降雨量一般小于1600mm,向两侧随海拔增高逐步增加至1800~2000mm,据周边雨量站高程与降雨量资料统计,一般海拔增高100m,迎风坡降雨量增加57mm,背风坡增加68mm。

该区域年均水面蒸发量一般在1200~1800mm之间,相对湿度在80%左右,年日照时长在2200h以上,冬季有霜冻,一般霜日70~90d。盛行西南风,唯8—9月多有北风,一般风速为1.6~3.5m/s,瞬时最大风速28m/s(11级)。

1.6 地震条件

该区域地震活动频繁。弧形构造带是地震发生的主要震源,地震震中与岩浆活动、火山喷发、强烈的水热活动显示分布范围相同,与区域构造线吻合,沿主干活动性断裂带呈带状延伸,以中浅源火山地震为主。据统计,自 1458 年以来,腾冲地区 5 级以上地震 89 次,说明弧形构造带近期仍在强烈活动。

桥位区存在瑞滇—腾冲地震带。该地震带第四系火山岩广泛分布,沿断裂带发现火山几十座。在腾冲地区,从 1500 年到 1974 年文字记载的 5~6.5 级地震就有 71 次。1971 年 2 月至 1974 年 2 月期间,距腾冲 90km 范围内,0.2 级以上的地震近 1000 次,平均每年 333 次。其中震级较大的是 1973 年 6 月 2 日 5.3 级地震,震中位于腾冲市城东 8km。腾冲地震具有数量多、震级小、频率高、周期短和成群出现的特点。

桥梁位于腾冲强震区域,地震设防等级高,设计按 9 级烈度进行抗震设防。

1.7 技术特点

(1)大桥位于高地震烈度区,地形复杂,桥梁抗震设防烈度为Ⅸ度(9度),抗震体系设计复杂。

(2)腾冲岸锚碇开挖量达 86.5 万 m^3,地质情况复杂,水稳定性差,地下水较为丰富,地质情况复杂。

(3)大桥处于山区,湿度大、雾大,腾冲雨季时间长,降雨丰富,导致索股架设、主缆缠丝涂装、钢桥面铺装、钢箱梁最后一层面漆涂装等工序雨季施工对质量影响较大。

(4)国内首次采用了索股入鞍段厂内预成型技术,在索股制造时将入鞍段由六边形整形为四边形。

1.8 管养压力

龙江特大桥为特殊结构桥梁,其受力状态和功能表现均非常复杂,同时工程投资大,社会经济影响大,确保其安全运营关系到国计民生。桥梁建成后须加强日常管理,经常进行检查及养护维修方能实现其设计寿命。此外,考虑到桥梁承担的交通量与日俱增,以及超载现象屡禁不止及复杂环境条件侵蚀等不利因素影响,如果桥梁养护维修工作不到位,桥梁结构尤其是可更换构件可能受损而产生结构病害,将会大大缩短桥梁的使用寿命,甚至造成严重后果。

在养护管理过程中,需要养护工程师具有良好的分析能力和针对此类桥型的丰富管养经验,以准确判断在运营过程中,由外界条件或材料性能退化等所导致的对桥梁结构的不利影响程度。由于结构构件种类繁多,每一种类型都有其自身的易损性,对应的病害类型多。如果不能准确地把握各种桥型的易损性,那么在现场检查中,就无法掌握重点,往往耗费大量人力物力,却仍然会遗漏掉关键的病害。另外,此类桥梁还受到养护盲区较多、管养资金不足、经验和专业队伍缺乏、国内相关制度标准的不完善等因素的影响,使得缆索体系桥梁的养护存在较多问题。因此,该桥应该采用"特桥特养、普桥普养"的管养方式,开展专业化的养护。

第 2 章

大跨径钢箱梁悬索桥主要病害

悬索桥是指以悬索为主要承重结构的桥,主要构造为主缆、索塔、锚碇、吊索、钢箱梁及桥面。其受力特征是:作用在桥面上的荷载由吊索传至主缆,再传至索塔和锚碇,传力途径明确。本章通过对以上构件的主要病害进行归纳总结,分析病害的产生原因以及其发展机理,以便为养护维修策略的制定提供依据。

2.1 主缆系统病害

主缆是通过塔顶鞍座悬挂在索塔上并锚固于两端锚固体中的柔性承重构件,通过自身受拉的方式将绝大部分加劲梁恒载及活载传递到索塔及锚碇上。主缆在整个悬索桥受力体系中的重要性和其难以维修更换的特性使得主缆的养护极为重要。此外,缆索系统病害的隐蔽性给缆索系统的养护、维修带来很大的盲目性,也使得缆索系统的破坏有很大的突发性。

2.1.1 主缆防护涂层劣化

主缆防护层涂层劣化发展过程一般为:涂层变色褪色,后续粉化、龟裂,继而开裂、爆皮并形成锈斑,最终防护涂层全部开裂、剥落,致使内部缠丝裸露。

悬索桥主缆防护涂层的劣化是一个逐步发展的过程,主要原因如下:

环境因素:悬索桥主缆通常位于户外环境中,长期受到风、雨、霜、紫外线等自然因素的侵蚀。这些因素会导致防护涂层的性能逐渐下降,出现龟裂、剥落、粉化等现象,使主缆的防腐蚀能力降低。

材料性能:涂层材料的耐候性、耐腐蚀性、耐磨性等性能将会影响涂层的耐久性。

维护不当:对于悬索桥主缆的防护涂层,定期的维护和保养是非常必要的。如果长时间不进行维护,涂层就容易出现老化、开裂等问题,导致防护性能下降。

2.1.2 缠丝锈蚀、断裂

主缆缠丝的作用:一是保持主缆断面形状,避免主缆钢丝在外力作用下遭受破坏;二是保持主缆的气密性和水密性,防止水和腐蚀性气体进入主缆内部造成腐蚀。缠丝一般采用镀锌钢丝制成,具有一定的防腐能力。

由于缠丝之间缝隙较多,尤其是用圆钢丝缠绕的缠丝缝隙间更容易积水。缠丝由于长期受力、材料疲劳、温度变化、积水潮湿等原因,往往在主缆表层涂层劣化失效后迅速锈蚀,甚至出现断丝。

2.1.3 主缆钢丝锈蚀与断裂

主缆钢丝的锈蚀通常是由于外部防护涂层的失效,导致钢丝暴露在腐蚀环境中,逐渐产生锈蚀。而断裂则是由于钢丝锈蚀严重,截面损失到一定程度后,钢丝在应力作用下发生断裂。钢丝锈蚀与断裂是主缆最严重的病害之一。大面积的腐蚀和断裂是主缆失效的最直接原因。

主缆在运输、施工和运营阶段防护层损伤会导致外界雨水和水汽的不断渗入,在风的作用下,可以使缆索下的水加速进入裂缝。缆索处于相对湿度较大的环境中,将加速缆索钢丝的锈蚀与断裂。

钢丝锈蚀一般包括均匀腐蚀、点蚀、应力腐蚀和疲劳腐蚀等,钢丝锈蚀的同时会有锈水流出,且表层涂层会有起皮脱落等现象。锈蚀发展到一定程度会导致整根钢丝断裂。

导致主缆钢丝锈蚀与断裂的主要原因为防护涂层失效,当涂层出现龟裂、剥落等现象时,钢丝就会暴露在外部环境中,受到腐蚀的侵蚀。其他原因是钢丝长期受到风雨、潮湿、紫外线等自然因素的影响,加速了钢丝的锈蚀过程,导致钢丝截面损失逐渐增大。

综上,主缆常见病害有防护层剥落、开裂,缠丝钢丝锈蚀或断裂等。若发现防护层分层剥落,应予以清洗并重新涂刷防护层;若缠丝断裂散开,应检查主缆有无锈蚀,待清洗除锈后,重新进行缠绕;若主缆索夹有严重腐蚀或损伤,应尽快进行更换;若主缆钢丝有损伤,应根据损伤程度及时分类处理,对于有严重锈蚀、断裂的主缆或索股,应及时除锈并对已断的钢丝进行拼接。

2.1.4 主缆线形变化

在大桥运营过程中,由于主缆松弛以及荷载重量的改变(如桥面重量增加、附属设施增加),会导致主缆和加劲梁线形产生变化。这种变化积累到一定程度便会影响桥梁的使用功能和美观度,需定期检查并予以调整。

2.2 吊索系统病害

吊索是将活载和钢箱梁的恒载通过索夹传递到主缆的构件。它的上端与索夹相连,下端与钢箱梁相连。

索夹位于每根吊索和主缆的连接节点上,它是主缆和吊索的连接件。索夹以套箍的形式紧箍在主缆上,在主缆上夹紧后产生一定的摩阻力来抵抗向下滑移,从而固定吊索与主缆的节点位置。吊索也是固定主缆外形的主要构造。

2.2.1 吊索主要病害

吊索主要病害与主缆主要病害类似。具体病害详见主缆主要病害。

2.2.2 锚头积水、渗水、锈蚀

锚头积水、渗水是悬索桥常见的病害。如果锚头长期处于潮湿环境或直接浸泡于水中,将会迅速锈蚀,从而导致力学性能及耐久性下降。积水一般来源于雨水和冷凝水,积水量与降雨量有直接关系。

锚头积水、渗水、锈蚀的主要原因为:一是吊索护套破损,雨水或冷凝水会沿着索体护套向下流淌,从破损处进入索体内部。二是吊索与锚具过渡段防水系统失效,吊索与锚具的结合段各个组件之间是通过高弹性防水密封胶防水的。密封圈在长时间干湿交替的环境作用、应力

作用和吊索振动作用下容易发生老化,密封圈失效后,雨水会沿密封圈间隙处进入钢护筒内引起索体、锚头锈蚀。

2.2.3　索夹滑移

索夹滑移是指在悬索桥中,索夹与主缆之间的摩擦力不足以抵抗外部荷载和内部应力的作用,导致索夹在主缆上发生滑动。这种滑移可能使得吊索的拉力卸载,从而改变吊索的状态,对桥梁的受力状态产生不利影响。

索夹滑移的危害主要表现在以下几个方面:
(1)改变吊索状态,使得加劲梁的受力状态发生变化,可能对结构产生不利影响。
(2)索夹在主缆上滑移可能损坏主缆的防锈层或缠丝,导致主缆损伤。
(3)索夹滑移可能导致吊索内力的变化,从而影响桥梁的整体稳定性。

索夹滑移的原因主要有:高强度拉杆的预拉力松弛、螺母松动,使得索夹与主缆之间的夹紧程度降低;长期运营后,主缆的挤紧程度提高、空隙率减小,导致索夹与主缆之间的夹紧程度减弱;运营过程中索夹与主缆之间的摩阻力不足。

索夹滑移的处理方法一般为,定期用高强度螺栓的施拧工具补足高强度拉杆预拉力,使索夹与主缆的夹紧程度保持恒定,使高强度拉杆的预拉力达到并保持设计值。

2.2.4　吊索索力的变化

吊索索力变化的原因有三:一是吊索锚板螺板螺杆的螺母松动,导致吊索变松,索力减小;二是主缆空隙率进一步变小,导致索夹间隙变小,进而使吊索变松,索力减小;三是因腐蚀和疲劳导致吊索出现断丝。前两种原因联合作用将使断丝加剧。

另外,由于荷载的改变、温度影响或主缆变细等原因,会导致吊索力变化。而个别索力变化必然会使邻近吊索内力重分配,同时也会使加劲梁段应力状态改变。

2.3　钢箱梁病害

钢箱梁的主要功能是提供桥面和防止桥面发生过大的挠曲变形和扭曲变形。钢箱梁直接承受桥面荷载。

根据对国内外钢箱梁悬索桥的调研,发现钢箱梁主要有钢箱梁涂装劣化、钢箱梁裂纹、螺栓连接失效等病害。

2.3.1　钢箱梁涂装劣化

钢箱梁涂层由于机械损伤、化学腐蚀、紫外线照射等因素的影响,容易导致涂层原料变质、分子结构分解,产生白色或深色粉状物。这些粉状物会导致涂层脱落、龟裂、气泡、防水失效等缺陷或构件表面局部锈蚀,降低其耐久性能。

2.3.2 钢箱梁裂纹

焊缝是钢结构连接的生命线,当钢箱梁的焊缝受到与其方向垂直的交变荷载作用时,在应力集中区和有焊接缺陷处容易诱发疲劳裂纹,裂纹形成后在应力与腐蚀介质共同作用下将迅速扩展,如不及时予以修复,将会引起严重的后果,所以对钢箱梁的焊接部位必须确保焊接的正常状态。桥梁在使用过程中一旦发现焊接处有异常情况,应引起高度重视并及时分析处理。

运营期间,钢箱梁在车辆荷载及其他可变荷载的作用下,内部应力会发生反复变化。在残余应力的共同作用下,焊接及截面突变部位会产生很大的应力集中,从而产生疲劳裂纹。从裂纹的横桥向分布来看,在重车道及行车道对应的加劲肋与桥面板或横隔板连接处裂纹也较为集中。在这些部位,裂纹通常发生在纵肋对接焊缝处;纵肋与顶板、横隔板焊缝处;纵肋底部过焊孔处。

2.3.3 螺栓连接失效

钢箱梁在运营一段时间后,会由于螺栓铆合不良、锈蚀及使用阶段钢构件塑性变形等原因,导致螺栓松动、失效。螺栓常见的病害有涂装劣化、锈蚀、烂头、烂牙、裂纹等。高强度螺栓还可能在循环应力和腐蚀环境的作用下发生脆断。

一般在检查过程中发现螺栓有锈迹或表层油漆破裂,则该螺栓可能已经松动。可用小锤敲击的方法,从声音和是否出现震动等现象判断螺栓是否松动。

造成螺栓松动、失效的原因有很多,主要有:螺栓安装过程中存在偏差或是紧固力矩不足;连接件振动不协调,导致螺栓松动;螺栓自身腐蚀,在变化的应力作用下发生脆断;个别螺栓松动,导致应力重分布,从而使得周围其他螺栓应力增加,从而导致破坏。

2.4 锚碇及锚室病害

主缆的锚碇是将主缆的拉力传递给地基的构件,本桥采用重力式锚碇。一般将锚碇的结构按照其作用和材质划分为三部分:一是为主缆系统提供全部拉力的锚碇体;二是承担遮蔽保护等作用的锚室;三是将主缆钢丝中的拉力传入锚碇体的连接构件锚固系统。安全牢固的锚固同样是主缆及加劲梁正常工作的保证。保证锚碇的正常完好状态,是悬索桥养护维修的重要内容。自1883年美国具有现代构造的悬索桥布鲁克林桥建成以来,120余年的使用与维修经验证明,悬索桥锚碇共同的病害是锚室进水、大的空气湿度,或带有氯离子的海水或湿气导致主缆锚固系统及锚室内的主缆系统严重腐蚀。

锚室一般由钢筋混凝土建成,主要病害包含混凝土结构裂缝、钢构件锈蚀、漏水等。

2.4.1 混凝土结构裂缝

混凝土结构裂缝可以分为非结构性裂缝和结构性裂缝两类。其中,非结构性裂缝是由变形引起的,结构在变形受到限制时会产生自应力,当自应力达到材料的抗拉极限时就会产生混凝土裂缝。

在国内外大桥的检测报告中,锚碇这一大体积混凝土构件较易出现非结构性裂缝。造成非结构性裂缝的原因有温度变化和混凝土收缩等。钢筋混凝土结构随温度变化会有热胀冷缩效应,当这种温度变形受到约束时,混凝土内部出现超过混凝土抗拉极限的应力,从而产生混凝土温度裂缝。混凝土在硬化过程中,由于水泥水化、水分蒸发等原因,体积会发生收缩。如果收缩受到约束,就会在混凝土内部产生拉应力,当拉应力超过混凝土的抗拉强度时,就会产生收缩裂缝。

结构性裂缝主要是由外荷载引起的,裂缝的分布及宽度均与荷载有关。结构性裂缝的产生通常意味着结构承载能力的不足或有其他严重问题。结构性裂缝一旦产生,如果不及时处理,将会导致截面的削弱,很有可能在外力作用下进一步扩展。

2.4.2　钢筋及锚固系统钢构件锈蚀

混凝土密实性不良或是剥落露筋都会使钢筋发生锈蚀。另外,环境湿度对钢筋锈蚀有很大影响,特别是在潮湿环境和干湿交替环境下,将会加速钢筋的锈蚀。

锚室内的锚固系统钢构件往往因锚室内潮湿而易于腐蚀,锚固系统中裸露部分的结构长期与环境中的水分、氧气以及酸碱物质接触,腐蚀速度相对较快。而锚杆大部分埋置于土、岩或混凝土当中,腐蚀环境相对封闭,腐蚀速度比锚头位置处慢很多。然而,在季节性富贫水的干湿循环作用下,深埋的锚杆腐蚀速度也会受到影响。地下水使腐蚀介质得到补充,打破了锚杆封闭的腐蚀环境,使腐蚀速度大大加快。

2.4.3　锚室渗水

锚室为主缆和锚固系统提供防护,防止主缆和锚固系统暴露于雨水和阳光中。龙江特大桥锚室出现渗漏水现象,主要原因为锚碇为大体积混凝土,容易产生温度裂缝,其侧墙、顶板等部位易出现开裂渗水,进而造成锚室积水。此外,经现场查看,保山岸锚室附近存在由山上水沟汇成的池塘,说明锚室所处位置水源较丰富,导致地下水长期对锚碇地下墙身产生水压力,在此压力的作用下,地下水易沿裂缝渗入锚室,形成积水,加之腾冲年均降雨量较大,若防排水措施不到位,容易导致锚室渗漏水,进而给锚室及其内部主缆索股等构造带来不利影响。

若发现锚室内有雨水渗漏或积水,必须及时封堵水源,排除积水,防止水从锚杆与锚碇混凝土接触面流入而侵蚀锚杆。锚室为钢筋混凝土结构,如锚室顶盖开裂、四壁开裂渗漏,当裂缝宽度小于0.2mm时应及时予以封闭;当裂缝宽度大于或等于0.2mm时,应压注环氧树脂胶进行处理。

2.5　索塔病害

索塔是支撑主缆的重要构件,悬索桥的活载和恒载通过索塔传递到下部的基础。由于汽车荷载、风载、温度荷载等荷载的不均匀性,索塔也承受着一定的弯矩,属于压弯构件。塔顶偏位过大、塔身混凝土开裂以及塔顶主鞍座病害是混凝土索塔常见的病害。

2.5.1 塔顶偏位过大

塔顶偏位过大即索塔顶部位移过大,有倾斜变形或扭转现象,严重时影响结构安全。成桥状态的索塔出现塔顶偏位多是风荷载、温度荷载及汽车荷载引起的。对于混凝土索塔,由于日照的影响,塔身日照面与背阴面温差极大,这一温差导致日照面混凝土膨胀,背面混凝土收缩,使索塔顶部产生扭转变形。桥梁在承受车辆、风等荷载作用时,也会产生桥塔的变形和位移,长期作用下导致塔顶偏位。

2.5.2 塔身混凝土开裂

塔身混凝土开裂是混凝土索塔中最为常见的病害,按照裂缝形式可以分为网状裂缝和结构性裂缝。

1) 网状裂缝

网状裂缝多由于内部水化热和外部低气温形成的内外温差所产生的温度拉应力拉裂所致。气温的变化、日照的影响、混凝土的干燥收缩也会形成网状裂缝。网状裂缝一般较浅,一旦形成应力即得到释放,不会继续开展,对索塔本身受力无过多影响。

2) 结构性裂缝

对继续发展较宽的裂缝,上下贯通,左右或前后对称,张合严重,缝口错牙,影响索塔强度,甚至危及行车安全的裂纹,应立即采取临时措施保证行车安全,并采取有效的加固措施。

2.5.3 塔顶主鞍座病害

塔顶上设有主鞍座,主鞍座上夹紧主缆的螺杆、螺母若有松动,会致使主缆与主鞍座间产生相对位移。索鞍如偏移超限,应进行线形检测,判断桥塔塔身的受力,以决定是否需要进行鞍座复位处理。桥塔顶钢结构防护结构老化,主鞍室密封效果较差,严重时出现渗水等病害。

2.6 桥面铺装病害

龙江特大桥桥面铺装采用浇筑式沥青混合料(GA) + 高弹沥青玛𫄧脂碎石混合料(SMA)铺装。复合浇筑式沥青铺装层除了耐久性、疲劳抗裂性优秀之外,还具有较好的变形能力,能更好地适应大跨径悬索桥柔性加劲梁的较大变形。

钢桥本身在荷载、温度变化和风荷载作用下变形的复杂性和正交异性钢桥面板结构的特殊性,使铺装层受力变得十分复杂。由于钢桥面铺装层长期处在高温、重载的条件下,加之钢箱梁顶板普遍较薄等原因,我国钢桥面铺装层往往在 3~5 年内就开始出现各种病害,远低于设计使用寿命。桥面铺装主要的病害类型有磨损、裂缝、坑槽和脱落等。

2.6.1 铺装层磨损

由于车辆轮胎的摩擦和磨损,桥面铺装层会逐渐磨损变薄。磨损不仅影响桥面的美观性,更重要的是会降低桥面的摩擦因数,增大行车风险。磨损严重的桥面可能会导致车辆行驶不稳定,甚至引发交通事故。

2.6.2 铺装层裂缝

裂缝是钢桥面铺装层中常见的病害之一。大桥运营过程中,车辆荷载、温度荷载等长期作用可能导致桥面铺装层产生疲劳裂缝。重载车辆的频繁通行和温度变化引起的热胀冷缩都可能对铺装层造成损伤,进而引发裂缝。裂缝的存在不仅影响桥面的美观性,还可能导致水分渗入铺装层内部,加速腐蚀和损坏。

2.6.3 铺装层坑槽

坑槽是由于桥面铺装层材料损坏或缺失而形成的凹陷部分。坑槽主要是由车辆撞击、铺装层材料质量问题或施工不当等原因引起,重载车辆的频繁通行会对桥面铺装层产生较大的压力,尤其是在车轮与铺装层的接触部位,容易产生应力集中,从而加速坑槽的形成。坑槽的存在会严重影响行车的平稳性和安全性。

2.6.4 铺装层脱落

铺装层脱落主要是由于铺装层与钢桥面之间的黏结力不足或受到破坏,导致铺装层与钢桥面之间失去连接,最终使铺装层脱落。重载车辆的频繁通行会对铺装层产生较大的冲击力,如果这种冲击力超过铺装层与钢桥面之间的黏结力,也可能引发脱落。

第 3 章

管理机构及职责

3.1 管理机构

龙江特大桥管理机构图如图 3-1 所示。

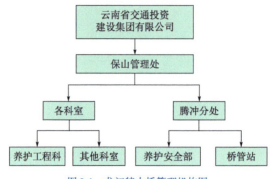

图 3-1　龙江特大桥管理机构图

3.2 各机构工作职责

3.2.1 云南省交通投资建设集团有限公司

（1）负责贯彻、执行、响应国家及省级交通运输部门关于桥梁管理的法律法规、部署要求。负责对保山管理处养护管理工作的业务指导与监管。

（2）负责桥梁养护经费投资决策。负责协调云南省交通运输厅有关龙江特大桥管理工作，审查专项养护施工方案。

（3）负责特殊事件及突发情况的协调指挥处理工作，相关事件上报处置流程按照集团相关规定办理。

3.2.2 保山管理处

保山管理处由云南省交通投资建设集团有限公司统一管理和直接领导，是龙江特大桥的管养单位，是桥梁安全运营的责任主体，负责桥梁养护管理和具体组织工作。

（1）认真贯彻执行国家、交通运输行业主管部门养护管理法律、法规、政策和云南省交通投资建设集团有限公司养护管理办法、合同文件及管理目标，总体规划和部署大桥养护管理工作。

（2）积极协调交警、路政、交通、气象、水利、应急地方政府部门，保障桥梁运行安全。

（3）建立健全养护管理工作制度，指导、监督、检查、考核分处养护管理工作；办理部分修复养护项目的招标、合同谈判及签署工作。

（4）主持编制应急预案、组织处置桥梁应急事件。

(5)负责养护修复工程的立项、申报、审核、上报、请示工作,并督促、指导分处养护工程实施,对完工的工程组织项目的竣(交)工验收。

(6)组织定期检查以及特殊检查;掌握桥梁技术状况和运营情况,审查《桥梁定期检查报告》,研究解决桥梁检查中发现的问题;组织相关养护管理及工程技术指导及业务培训工作。

(7)鉴于本桥的特殊性,管理处对该桥必须配备2名桥梁养护工程师分责任区负责该桥的运营管理工作。桥梁养护工程师的管理参照云南省交通投资建设集团有限公司桥梁养护管理办法执行。

(8)负责审批桥梁日常养护技术方案,审核修复养护工程建议计划;安排落实日常养护工作,并负责龙江特大桥桥梁动态监管工作。

3.2.3　养护工程科

养护工程科主要承担大桥设施养护、检查、维修,中心配电室和监控室设施设备的正常运行;按国家有关规定完善各项养护检查、维修制度;根据大桥技术特点及各种设备的运行情况,编制经常性、定期专项检查计划及维修计划、整改计划,并组织实施,确保大桥及附属设施的正常使用。

(1)负责组织开展检查及指导(1季度/次)工作:按现行养护技术规范和公司的管理规定(本手册职责划分巡查范围清单巡查检查),对管辖设施按季度开展检查,及时发现设施安全隐患和缺陷,特殊病害及时上报,每半年按时将检查情况上报管理处主要领导。

(2)负责对接桥梁定期检查及等级评定工作:按《公路缆索结构体系桥梁养护技术规范》(JTG/T 5122—2021)的要求进行周期性的检测,对所辖设施进一步全面细致检查,结合日常检查与年度的变形观测资料(含有特殊检测的)进行桥梁设施技术等级评定。

(3)负责年度检测和养护工作计划的编制,根据《公路缆索结构体系桥梁养护技术规范》(JTG/T 5122—2021)的要求以及当年设施日常检查表所列的内容和设施病害缺陷状况,按规范及云南省交通投资建设集团有限公司养护管理办法,切合实际编制大桥年度检测及养护工作计划,并编写本年度计划项目的实施技术方案(技术要求),做到技术方案切实可行。

(4)负责修复工程的养护管理工作(严格做到"四交底",即技术、合同、安全、廉政交底),包括养护工程项目的质量管理(建立和完善养护工程质量管理体系);养护工程项目的安全管理;养护项目的实施管理与对外协调工作;养护项目的初步验收工作。

(5)加强对云南省交通投资建设集团有限公司下达布置的计划任务追踪督办工作。负责各种系统工程技术资料的归档保存和管理工作。

(6)负责完成领导和上级临时交办的其他工作任务。

3.2.4　腾冲分处

(1)认真贯彻执行国家、交通运输行业主管部门养护管理法律、法规、政策及云南省交通投资建设集团有限公司、保山管理处养护目标。全面履行现场管理第一责任人职责,承担大桥养护管理现场职责;负责大桥应急保畅工作的具体实施。

(2)负责组织开展龙江特大桥设施经常检查(1月/次)工作:按现行养护技术规范和云南

省交通投资建设集团有限公司的管理规定(职责划分巡查范围清单巡查检查),对管辖设施按月开展经常检查,及时发现设施安全隐患和缺陷,特殊病害及时上报。

(3)具体负责桥梁定期检查工作开展,全过程参与和督促受托专业机构开展的桥梁定期(特殊)检查工作,配合管理处对桥梁定期(特殊)检查报告进行审查。

(4)负责大桥变形观测的联系和配合,负责交通监控设施的维修与保养,负责供配电设施的检查维修与保养。

(5)负责龙江特大桥占道技术方案的审批与管理。

(6)负责养护项目完成情况统计;现场管理跟踪。负责大桥病害及整治情况登记;建立设施台账,做到大桥主要设施技术参数清晰、设施数量清楚。

(7)编制分处针对龙江特大桥的应急方案。定期组织演练。负责完成领导和上级临时交办的其他工作任务。

3.2.5 桥管站

(1)认真贯彻执行国家、交通运输行业主管部门养护管理法律、法规、政策及云南省交通投资建设集团有限公司、保山管理处养护目标。开展日常巡查(1日/次)、夜间巡查(1周/次)及经常检查(1月/次)工作;按现行养护技术规范和云南省交通投资建设集团有限公司的管理规定(职责划分巡查范围清单巡查检查),对管辖设施开展巡查检查,及时发现设施安全隐患和缺陷,特殊病害及时上报,每月按时将检查情况上报分处分管领导。巡查记录应每月进行汇总归档。

(2)配合检测单位开展桥梁定期(特殊)检查工作,并按规定参加桥梁养护技术培训。

(3)负责大桥设施设备的安全防范工作,并按照国家有关法律、法规制定安全保卫和消防工作措施。做好大桥重点要害部位的守护工作,维护正常交通秩序。做好中控室监控巡查工作,防止火灾、爆炸、破坏事故的发生。

(4)负责所辖桥梁路产路权保护情况的巡查及反馈;做好大桥区域内清洁卫生的打扫、督促、检查工作。

(5)要根据龙江特大桥除湿系统操作及维护手册进行除湿机组的巡查、保养。对健康监测设备、除湿系统、供配电系统、照明系统巡查时,巡查人员要学会分析故障的原因和掌握排除故障的方法,为了便于分析,要参阅培训资料及其电路图,利用听、闻、看等方法检查设备。

(6)掌握各类传感器的作用以及安装位置,了解各监测项目的作用和意义。对外场数据采集站和13个健康监测监控视频进行全面检查。

(7)协助领导处理发生在大桥区域内的各种突发事件。负责完成领导和上级临时交办的其他工作任务。

第 4 章

养护管理工作

大桥养护管理内容包括主塔、主缆、吊索、基础、支座及阻尼器、墩台、栏杆、排水、铺装层、伸缩装置、人行道等以及其他附属设施（照明、除湿、消防设施、视频监控设施、健康监测系统等）。引桥及其他结构养护管理按照规范执行。

4.1 养护工作目标

（1）为保证大桥处于完好的运营工作状态，满足承载能力和通行能力要求，并有效延长其设计寿命，须做好桥梁检查、养护、维修及管理工作。现阶段养护工作目标主要有：

①做好日常养护工作，保证大桥各部件处于完好的技术和运营状态，逐步将被动型养护转化为预防型养护；养护过程中尽可能使用新材料、新工艺、新技术、新设备，促进大桥养护技术的发展。

②对大风、暴雨、暴雪、地震、火灾及洪水等可能对桥梁造成危害的自然灾害和恶劣气候，应做好各种应急处理措施及防范措施。

③通过检查与检测，全面掌握桥梁的技术状况，不断完善"龙江特大桥智慧养护管理系统"数据库，实行大桥病害长期跟踪观测，实现科学决策，以发挥养护资金最大经济效益。同时，实现对大桥的运营实时跟踪监测与控制。

④建立一整套以实际采集的各部件数据为基础的"桥梁评价、预测和决策"实用技术系统，以指导日常的运营养护维修工作。

⑤建立健全完整的维修技术档案，为养护和安全评估提供科学依据。在养护工作中发现的有可能对大桥运营造成重大影响的隐患，应及时地做好科学的维修与保养。

（2）养护工作核心要素是百年大桥、安全为本。以"全生命周期使用成本最低"的理念为指导，以预防性养护为宗旨，做好大桥资产管理和养护工作。在风险评估的基础上，建立"预判、预警、预案、预演"的应急处治策略，将突发事件的不利影响降至最小。

①以构件易损性分析为基础，突出养护重点。养护工作应以理念科学、质量优良、操作安全、作业快捷、方法智能、机具先进为执行标准。

②积极做好大桥管养、健康监测系统的升级改造工作，以技术进步促养护进步、以技术创新促养护创新。

③本着"桥梁养护是桥梁设计的延伸"这一理念积极开展养护科研工作，实现对设计意图的验证、修正和拓展。

④加强大桥档案管理的电子化程度，档案管理应做到真实完整、分类有序、安全可溯。

⑤加强对已发现的结构物病害养护为中心，以桥面和承重部件养护为重点的全面养护。

4.2 养护规划

大桥中长期养护规划的主要目标是建立起完善的管养制度体系和先进的信息化管养平台，促进大桥在规划期内积极地开展养护科研工作；确保大桥养护资金在规划期内的有效支配;确保桥梁的安全运营,通过及时有效的养护维修措施保障结构物的设计使用寿命,保障大桥良好的服务水平和技术状况,并使大桥养护工作逐步达到国内先进水平。

坚持全生命周期养护成本最优的原则。大桥中长期养护规划的规划期为 20 年。2022—2026 年为规划初期,2027—2031 年为规划中期,2032—2042 年为规划后期。其中对初期(2022—2026 年)进行较为详细的规划。后期结合历年检查情况进行调整规划,每 5 年对养护规划进行一次评估与修订。

(1)大桥养护制度制定与修编规划:包括大桥检查、评定制度制定与修编规划和大桥应急保障制度制定与修编规划。

(2)大桥养护模式及机构发展规划:养护管理组织体系是桥梁养护管理活动中的组织结构、职权和责任划分的总称。按照类似特大型桥梁的成功管养经验,在本规划编制过程中,可重点考虑逐渐建立"分项养护、总体评估"的专业化养护体系和多层次的专家顾问体系。

(3)桥梁养护人员配备及培训规划:包括养护人员培训机构规划、培训的方向和任务规划、培训时间的规划。

(4)桥梁管养规划:包括管养目标和准则、资产养护模式及机构发展、资产养护制度制定与修编计划等。中长期养护规划内容见表4-1。

中长期养护规划内容　　　　　　　　表 4-1

规划内容	简介
管养目标和准则	(1)规划目标:制定本项目管养总体目标和分项目标; (2)规划准则:提出一整套运营及维护准则来对该路段的管养工作提出要求
资产养护模式及机构发展	(1)养护模式:桥梁养护管理活动中的组织结构、职权和责任划分; (2)机构发展:对养护机构设置发展进行规划
资产养护制度制定与修编规划	(1)桥梁资产管理制度的制定与修编规划; (2)桥梁资产检查与评定制度制定与修编规划; (3)桥梁资产应急保障制度制定与修编规划
桥梁资产养护人员配备及培训规划	(1)养护人员配备规划; (2)养护人员培训规划
桥梁资产管养计划	(1)检查检测计划:桥梁、交安设施、机电系统、健康监测系统检查检测计划; (2)养护维修计划:桥梁、交安设施、机电工程养护维修计划
养护辅助系统发展规划	(1)运输系统信息化; (2)桥梁巡检养护系统
桥梁资产养护投资估算	(1)桥梁资产养护投资依据; (2)桥梁资产养护投资估算

4.3　养护依据

大桥主体结构和机电系统的养护工作均须参照最新的规范和标准执行。现阶段主要养护依据如下。

（1）桥梁主体结构的养护应以《公路桥涵养护规范》（JTG 5120—2021）、《公路缆索结构体系桥梁养护技术规范》（JTG/T 5122—2021）和《公路长大桥隧养护管理和安全运行若干规定》（交公路发〔2018〕35号）等的规定执行。

（2）大桥加固设计与施工应分别按照《公路桥梁加固设计规范》（JTG/T J22—2008）、《公路桥梁加固施工技术规范》（JTG/T J23—2008）、《公路悬索桥设计规范》（JTG/T D65-05—2015）、《公路桥涵设计通用规范》（JTG D60—2015）、《公路钢结构桥梁设计规范》（JTG D64—2015）、《公路钢筋混凝土及预应力混凝土桥涵设计规范》（JTG 3362—2018）和《公路桥涵施工技术规范》（JTG/T 3650—2020）执行。

（3）大桥主体结构的技术状况评估应按照《公路桥梁技术状况评定标准》（JTG 5210—2018）执行。公路技术状况指数评估按照《公路工程技术标准》（JTG B01—2014）执行。

（4）大桥主体结构技术状况为3类或以上时应进行承载能力评估，按照《公路桥梁承载能力检测评定规程》（JTG/T J21—2011）执行。

（5）养护与施工作业按《公路养护安全作业规程》（JTG H30—2015）、《公路工程施工安全技术规程》（JTG F90—2015）执行。

（6）交工与验收按《公路沥青路面养护技术规范》（JTG 5142—2019）、《公路桥梁钢结构防腐涂装技术条件》（JT/T 722—2023）、《混凝土中钢筋检测技术规程》（JCJ/T 152—2019）、《混凝土结构现场检测技术标准》（GB/T 50784—2013）、《钢结构现场检测技术标准》（GB/T 50621—2010）、《公路工程质量检验评定标准 第一册 土建工程》（JTG F80/1—2017）、《公路养护工程质量检验评定标准》（JTG 5220—2020）、《钢结构工程施工质量验收规范》（GB 50205—2020）执行。

其他参照现行的桥梁检查检测、养护维修有关的国家标准、规范和文件，或本桥梁工程原设计采用的相关标准、规范。

4.4 养护工程分类及管理

（1）桥梁养护工程坚持分类处治制度，养护工程按性质分为日常养护工程（含预防性）、修复养护工程、应急养护工程项目三类；按专业性质分为土建、机电、检测评定共三个类别。

（2）桥梁养护工作实行计划管理，每年底保山管理处组织编写次年的养护计划，在养护计划中分别载明养护工程名称、缺陷形式、养护原因、养护办法、工程量、计算依据、金额等并组织实施。涉及计划外的特殊项目，须向云南省交通投资建设集团有限公司专题报告说明缘由，然后按批准的意见组织实施。

（3）日常养护工程（含预防性）。

日常养护工程（含预防性养护）：桥梁整体性能良好但有轻微病害，为延缓性能过快衰减、延长使用寿命而预先采取的主动防护工程。修补轻微损坏等日常养护工程项目。

由保山管理处按规范要求编制每年日常养护及检测计划，并按计划工作量单独编制日常养护预算，云南省交通投资建设集团有限公司单独安排养护资金用于龙江特大桥梁日常养护工作，并组织编写龙江特大桥日常养护（含预防性养护）工程技术方案，方案中载明工程概况、技术标准、主要施工工艺及质量要求、主要工程量、主要材料技术指标、安全施工要求、工期要求等。

(4)养护工程(修复性养护)。

修复养护:桥梁出现明显病害或部分丧失服务功能,为恢复技术状况而进行的功能性、结构性修复或定期更换,包括大修、中修及小修。大修含采用永久措施恢复大桥功能的工程,含桥梁加固、重要构件更换。

养护工程按照云南省交通投资建设集团有限公司养护管理办法执行。涉及专业性较强、技术难度大、工程规模大的养护工程项目必须委托设计单位负责设计,设计方案完成后还应函告原设计单位征求意见,然后设计图纸上报云南省交通投资建设集团有限公司批复,作为养护工程的施工依据。然后由施工单位根据技术方案的要求编写施工方案,修复养护工程项目由管理处组织审查技术方案。

(5)应急养护工程。

应急养护:由于突发情况造成桥梁损毁、中断或产生重大安全隐患后,为较快恢复桥梁安全通行能力而实施的临时性抢通、保通与抢修。突击性抢修工程是一种临时保证可通行性的养护措施。

针对突发事件的特殊性,管理处组织进行现场应急处置,并及时开展特殊检查,检测后检测报告经云南省交通投资建设集团有限公司组织专家评审确定,根据评审意见组织设计,设计完成后云南省交通投资建设集团有限公司再次组织评审,确定应急养护工程方案。

各类养护工程的计划、设计、预算、招标、施工质量和安全、检查验收、工程决算、技术档案和费用支付等管理工作按云南省交通投资建设集团有限公司的有关规定办理。

4.5 维护管理

龙江特大桥维护遵循强化日常养护、主动开展预防养护、有效实施修复养护的原则。在养护规划的指导下开展养护工作,科学安排近、中、长期的养护项目与养护资金。预防养护时机应采取以周期时间为主和以性能指标衰减控制为辅的机制。

对于可能引起桥梁或构件气动外形较大改变或整体刚度变化的施工临时措施或养护设施应进行抗风安全评估,对不满足桥梁抗风安全性的措施不得实施。

日常巡查、经常检查、定期检查和健康监测中发现设施病害或缺陷,要及时填写病害观测记录,详细记录病害的发现时间、部位、范围、状况等,并在现场做好标识,为病害的处治做好基础工作。

4.5.1 日常(预防)养护

1)主缆及其附属构件

(1)结合桥梁检查的结果,日常(预防)养护每年应不少于1次。应对主缆走道立柱及扶手绳定期进行打油、涂漆防护。其锚固点有锈蚀或损坏的,应及时维修更换。更换老化失效的油脂。氯盐侵蚀环境下,作业前宜采用高压水洗,将旧涂层上的可溶性氯化物含量降低到 $50mg/m^2$ 以下。

(2)采用除湿系统防护的主缆,应按除湿设备维护规定对系统进行维护。应视老化情况,定期更换缆套端口及上、下半间的密封条或采取可靠的技术重新密封。

(3)主缆索股锚头在锚室内一般锚固在型钢拉杆、圆钢拉杆横梁或眼杆拉杆横梁上,这些构件多为含碳量较高的碳素钢或合金结构钢,且截面均较大;型钢则为低碳或低合金钢轧制构件。通过分析各寿命为近百年的悬索桥维护情况,发现这些构件除存在腐蚀较为严重的腐坑外,无其他明显病害,所以对其正常的维护就是保持锚室干燥和构件涂装完好。一旦发现焊缝处、眼杆处、螺纹根部等出现裂纹,则需专项研究处理。

(4)主索鞍应稳固,散索鞍(套)应能保证变位顺畅,偏移量应在设计允许范围内。索夹应无滑移,紧固螺栓力保持在索夹抗滑要求范围内,并防止螺母锈蚀无法调整。吊索(绳)索力偏差应在设计允许范围内,防护完好。从永久观察窗对主缆全周长范围内钢丝表面进行持续观察和监测。

2)索夹

(1)当索夹及其螺杆的涂装出现轻微涂层劣化时,应进行维护性涂装。索夹填缝密封胶出现开裂、剥落等老化现象时,要及时更换,防止水分从索夹处侵入主缆。

(2)国内外相关悬索桥施工过程及施工完成后一定时间,对索夹螺杆紧固力进行检测,均发现存在较大程度的衰减。索夹螺杆应保持紧固力不低于其安装设计值的70%。建成通车第一个5年内,每年均匀选取不少于40%的螺杆,每2年半复拧一遍。建成通车5年后,可根据对靠近索塔处索夹螺杆紧固力定期检查的结果进行评估,确定各跨每年选取的比例和位置。无评估时,可采取每年均匀选取25%的螺杆、每4年复拧一遍的模式。索夹螺杆复拧时应避免单个张拉螺杆导致索夹的受力不均,宜对一个索夹的螺杆进行交叉张拉,对称施拧。紧固螺栓力保持在索夹抗滑要求范围内,并防止螺母锈蚀无法调整。

3)吊索(绳)

吊索及减振架出现轻微涂层劣化时,应进行维护性涂装。应定期对吊索的锚头、叉耳与销子涂刷防锈漆,保持涂层完好。应保持减振架及其减振性能完好。

4)索鞍(套)

钢构件涂层出现轻微涂层劣化时,应进行维护性涂装。固定索鞍(套)及鞍座所含槽口拉杆、鞍体对合螺栓、鞍座固定螺栓,应每3年检查重拧一遍,防止松脱。应更换存在脱落、卡嵌、剩余磨耗厚度过低现象的散索套四氟滑板。索鞍的辊轴或滑板应保持正常工作状态,根据产品说明定期更换润滑油或防锈油,检查中发现润滑油或防锈油失效时应立即更换。

5)索塔

索塔涂层轻微劣化或局部破损时,应进行维护性补涂,补涂的工艺、材料和质量要求与原设计相同;索塔钢筋存在锈蚀风险时,应及时采取附加防腐措施。目前实践中比较有效的预防养护方法为喷涂渗透型的阻锈剂并加设防腐涂层,来中和并阻止有害物质的侵蚀。

6）锚碇

更换无黏结预应力锚固系统老化变质的油脂。更换锚头内老化的防护油脂。涂刷锚固系统外露的金属构件。涂刷钢锚梁及设有涂刷钢锚梁内外破损的涂层。涂刷锚碇内预埋金属件。疏通锚碇与锚梁的排水系统。

7）钢箱梁以及索缆锚固区

以涂装和防水为主要内容，加劲梁及索缆锚固区涂层出现轻微劣化、开裂或局部脱落应及时修复。锚固区涂层防护的维护性补涂，补涂的工艺、材料和质量要求与原设计相同。锚固区除锈时，应注重对结构焊缝和吊索锚具的保护。锚固区出现渗水、经常性积水时，应及时查明原因并采取针对性措施。

8）伸缩缝、支座

伸缩缝是设置在梁端部结构处的重要装置，它应满足承受车轮荷载的反复作用和适应梁端位移，保证梁体自由伸缩，具有良好的平整度、防水性。处理混凝土面层的裂缝一般使用快封一号胶做喷涂封闭处理，用刷子调匀胶涂于裂缝表面。为防止螺杆与螺母松动，螺纹上可以涂防松胶水，螺杆与螺母面少量点焊固定，最好螺孔内灌注防水防松环氧树脂。伸缩装置为钢结构，在使用一定时期后可能出现锈蚀现象，一旦发现立即进行防腐处理。

支座钢构件涂层轻微劣化或局部破损时，应进行维护性补涂。及时拧紧钢支座的螺栓，使支承垫板平整、牢固。

构件松动、脱落等轻微病害处理。及时拧紧钢支座、伸缩缝的螺栓，使支承垫板平整、牢固，伸缩缝锚固稳定。

9）桥墩与基础

存在冲刷的应该进行防护。结合冲刷深度观测结果，实施防护的对象应选择冲刷深度接近设计值或冲淤程度显著增大的桥墩。

10）护栏

以定期涂装为主要内容，涂装时机应结合护栏类型、所处腐蚀环境类型、防护年限、锈蚀程度、原涂层体系等综合确定。参考钢箱梁相关要求，重点对连接螺栓锈蚀问题进行处置。伸缩缝处的水平栏杆应能自由伸缩。防眩光板要经常检查，缺失的应及时补缺。

为防止螺杆与螺母松动，螺纹上可以涂防松胶水，最好向螺孔内灌注防水防松环氧树脂。金属梁柱式护栏和波形钢护栏出现部件缺损、松动、立柱或横梁倾斜变形，应及时恢复处置。护栏的外形与构造不得随意改变。

11）排水设施

排水设施的构件有损坏、变形、缺失时应及时进行修复养护。锈蚀的钢泄水管应及时进行除锈和防腐处理，锈蚀严重时应更换。管道的锚固或连接件构造出现开裂、变形、锈蚀时，应对连接可靠性进行评估，不符合要求时，应及时维修。

在采用钢箱梁为加劲梁的悬索桥中，桥面泄水管一般设置在风嘴位置，采用焊接方式从风嘴处穿过。若泄水管发生锈蚀，容易导致桥面积水渗入钢箱梁内。因此，对钢制泄水管的腐蚀问题要及时处治。

12）检修平台和通道

检修车、电梯的养护应由具备相应资质的单位实施，并使其处于功能完好和安全可靠的状况。

检修通道主要包括塔内爬梯、检修车、墩顶检修道等，对于长期未经使用的检修通道，应在每次使用前对其进行检查和保养。钢构件连接部位是检修通道的薄弱部位。要加强检修通道的涂装养护，出现涂装脱落、失效的，应立即重新涂装。

检修通道、固定或升降平台修复养护宜结合定期检查工作进行。钢构件连接部位出现涂层大面积脱落、锈蚀，连接螺栓锈蚀、松动，液压系统漏油等时，应立即进行修复。

13）其他设施

其他设施包括供配电设施、防雷设施、桥铭牌、大桥控制点网和管线支架等。

避雷装置：检查避雷针或避雷器、引下线、等电位连接、接地阻值是否正常，频率为1次/年。检查主控制网控制点、观测点是否完好，有无缺失、破损、锈蚀、断裂等情况，如有损坏要进行及时、准确更换。

供配电设施和避雷装置的预防养护应由具有专业设施资质单位与人员进行。

4.5.2 日常维护

日常维护的主要工作是预防性保养、修补轻微损坏部分及日常清扫和抗冰除雪工作，主要由保山管理处按云南省交通投资集团有限公司管理流程派单督促施工单位实施。

供配电系统、视频监控系统、机电系统、除湿系统的一般故障和保养由机电施工单位负责。

健康监测系统的日常维护由咨询监测服务单位负责。

大桥桥面、桥梁结构内外的清扫保洁、结构日常（预防性养护）养护由路段日常养护施工单位负责。

1）大桥日常保洁（以人工清扫为主，其工作质量由桥管所负责监督）

（1）清扫频率。

①每天不少于1次，对桥面、伸缩缝进行清扫。

②每年不少于1次，对钢箱梁、锚室内、索塔、桥墩与基础、主缆及防护层、索夹、吊索（绳、索）、索鞍、扶手绳和缆套等、聚氯乙烯（PVC）泄水管、检修平台和通道、供配电设施、航空灯、桥铭牌、大桥控制点网和管线支架等进行清理及保洁。

③每年应不少于2次，暴露于桥面的部分应每季度1次。对钢箱梁索缆锚固区、支座、塔梁阻尼器进行清理。

④每季度至少1次对桥面泄水孔、排水沟进行清理和冲淤。

⑤护栏清洗根据现场实际情况安排清洗。

（2）保洁要求。

①桥面、伸缩缝：以人工清扫为主，每天不少于1次，清理伸缩缝之间的垃圾杂物，要先用

圆弧形的钩子勾出,再进行清扫,防止勾破止水橡胶带。要经常进行保洁,保证伸缩缝不被尘土垃圾填满,能自由伸缩。

②钢箱梁、锚室内:以人工清扫为主,每年不少于1次,对于顽固污渍可以用水和清洁剂进行保洁。清理外表面附着的青苔、杂草、积水、杂物及其他污秽,以及锚室内表面、散索鞍(套)和周围的灰尘、杂物、积水等。

③索塔:清洁和保养每年不少于1次,索塔清洁应对结构表面的松散混凝土、杂物、积水与生物附着物进行清除。索塔内的排水系统应处于正常工作状态,存在积水应及时进行清除,经常出现积水的部位,应分析原因并及时采取封堵、防护涂层与导排等措施。

④桥墩与基础:应以墩台清洁为主要内容。每年应不少于1次,清除桥墩、桥台、承台表面的青苔、杂草、灌木和污物。清除桥墩顶部或盖梁顶部的垃圾和施工遗留物。

⑤钢箱梁索缆锚固区:每年应不少于2次,暴露于桥面的部分应每季度1次,采用人工清理的方法,重点清理耳板、螺栓和销孔表面及周围的灰尘、积水、垃圾、杂物等。

⑥主缆体系:主缆及防护层、索夹、吊索(绳、索)、索鞍、扶手绳和缆套等外表面的清洁,每年不少于1次。主缆体系部件的清洁应以各构件及周围环境为主要工作内容,定期清理杂物、积水、积雪、积灰、存留污秽及油渍等。

⑦检修平台和通道:以清洁和保养为主要内容,检修通道、固定或移动平台清洁的频率为每年不应少于1次。部分桥梁检修通道处于主体结构外侧,可能遭遇酸雨、鸟粪等腐蚀性污物附着,会引起结构局部腐蚀,需要及时根据检测结果对局部腐蚀进行除锈和重新涂装。检修通道、移动平台的滑动、转动部位每年应涂覆1次润滑油。结构定期检测后,应根据检测结果对表面缺陷及时进行维护性涂装。梁内外检查车一般由工字钢的下翼缘作为检查车轨道,车轮运行后,工字钢翼缘上的涂装被车轮破坏,长期不运行,则轨道易锈蚀。加劲梁底部检修车应每年至少进行1次保养。加劲梁内部检修车应每3年至少进行1次保养。电梯应每1年至少进行1次保养。检查车和电梯应每3个月运行开动不少于1次。

⑧排水设施:以排水设施的清理和冲淤为主要内容。清理桥面泄水孔、排水沟应每季度至少1次;PVC泄水管应每年至少清理1次。雨季应适当加大排水系统的清理和冲淤频率。养护后的排水系统应无淤积堵塞,排水畅通。排水系统的设备如水泵等应正常工作,若有堵塞、损坏,应及时疏通、处理。

⑨支座、塔梁阻尼器:清理支座表面与周边的垃圾、杂物,清洁滑动和转动面脏污,紧固松动螺栓。阻尼器活塞部分外露,其外表面清洁十分重要。活塞表面被污垢附着,可能造成阻尼器密封件破坏,影响阻尼器的使用寿命,因此及时清扫阻尼器表面的灰尘和垃圾等附着物是确保阻尼器功能正常的主要工作。每年不应少于2次。

⑩护栏:以护栏清洗为主要内容。根据现场实际情况需要,供配电设施、航空灯、桥铭牌、大桥控制点网和管线支架等以清洁和保养为主要内容,各设施的清洁每年不少于1次。

2)日常设施设备保养与维护工作

(1)保养频率。

①检修通道、移动平台的滑动、转动部位每年应涂覆1次润滑油。

②加劲梁底部检修车应至少每年进行1次保养。

③加劲梁内部检修车应至少每3年进行1次保养。

④电梯应至少每年进行1次保养。

⑤检查车和电梯应每3个月运行开动不少于1次。

⑥检修车、电梯的养护应由具备相应资质的单位实施。

(2) 伸缩装置。发现构件松动、脱落、积尘、排水口堵塞等轻微病害时,应及时处理。

(3) 供配电设施和避雷装置。其预防养护应由具有专业设施资质单位与人员进行维护。检查避雷针或避雷器、引下线、等电位连接、接地阻值是否正常。避雷针接地线附近严禁堆放物品和修建任何设施,地线的覆土禁止开挖,并应防止冲刷避雷针和引线及地线。防雷检测周期为每年1次。

(4) 除湿系统。以系统保养为主要内容。一般每半年进行一次一般性保养,每年进行一次全面、详细的定期保养。同时结合机组的运行状况和使用环境,按产品设计使用说明书的要求进行周期性保养。钢箱梁、主缆、锚碇室等封闭空间内相对湿度不大于45%。视老化情况,定期更换缆套端口及上、下半间的密封条。

(5) 阻尼器。液体黏滞阻尼装置由不锈钢和镍镀金的合金钢制造,日常养护清洁可采用以下方法:用手除去大的沉积物;用温和的溶剂清洁剂喷液体黏滞阻尼装置;用纱布或海绵除去小的沉积物;使用压缩空气或手巾彻底吹干或擦干液体黏滞阻尼装置。液体黏滞阻尼装置须认真保护,使其不会受到附近桥梁维修施工造成的损害(如附近在进行维修施工,液体黏滞阻尼装置应用厚纸板或毛毯包覆,以免其受焊接、混凝土浇筑、工具落下、磨削碎石、油漆或其他损害)。

(6) 结构健康监测系统。以清洁与保养为主要内容,处于室内环境硬件的清洁每年不少于2次,处于室外环境硬件的清洁每年不少于4次。应对结构健康监测系统硬件各子系统仪器设备、线路及其附属结构体表面的灰尘、污垢及积水等进行清除。

3) 冬季除雪作业(如有)

冬季来临时,按照计划部署进行除冰与防冻。可以撒布特殊融冰剂等防冻防滑材料,不应撒布氯化钠化冰,以减少对桥梁附属结构的腐蚀。

4.5.3 养护工程(修复养护)

对检查中、定检报告中发现的缺陷病害及因交通肇事引起的损坏,病害类型未包含在日常(预防)性养护范围内的,腾冲分处应及时上报保山管理处。保山管理处根据情况,按照云南省交通投资建设集团有限公司养护管理办法确定是否列入应急养护工程处治。

养护工程施工方案审查要结合设计的要求和整治病害的情况,包括工作内容、实施范围、工程量、施工工艺、材料技术指标、施工技术措施、施工安全措施、交通组织措施、文明施工措施、环保措施,如符合实际要求则准予批准,如与实际有出入则提出意见修改,并结合实际情况和设计及规范要求提出相关意见。项目开工前,保山管理处首先组织设计对监理、施工单位进行设计方案和施工安全技术交底,然后进行场地交底,按规定办理安全保通手续,让作业人员了解作业环境的要求及情况,保证大桥设施免受伤害并提高工作效率。由保山管理处和监理单位对施工过程进行有效的监督(使用材料、质量、进度、安全、工程量签证),签署隐蔽检查记录和实际发生的工程量。工程结算已形成、工程竣工资料达标后才能申请验收。

如果无法按设计的要求实施,由施工单位提出技术变更,保山管理处根据实际情况进行复核,报云南省交通投资建设集团有限公司批准后实施。必要时召开专家论证会。

1) 主缆及其附属构件

(1)每次定期检查结束后,应对主缆体系主要病害进行针对性修复。当缠包带破损时,应通过专项评估制订修复方案。修复所选用缠包带系统的可靠性应不低于原系统。缠丝断裂散开,应先观察主缆钢丝是否锈蚀。待除锈并恢复原设计的防锈等级后,重新缠丝、恢复防护层,保证主缆防护层完好。主缆钢丝存在锈蚀或断丝时,应对主缆内部进行特殊检查。主缆断丝较多时,应根据详细计算结果采取降低荷载等级或加固主缆等措施。

(2)主缆线形、垂度明显变化时,应分析原因。因主缆钢丝松弛导致的主缆线形偏差,应加强对主缆线形的定期观测。因塔顶鞍座移位导致的主缆线形偏差,应对鞍座位置进行纠偏,恢复主缆线形。

(3)主缆各索股受力出现明显差异时,应调整索力,使各索股受力基本一致。

(4)锚固点有损坏。主缆索股锚头在锚室内一般锚固在型钢拉杆、圆钢拉杆横梁或眼杆拉杆横梁上,一旦发现焊缝处、眼杆处、螺纹根部出现裂纹,应及时组织进行处治。

2) 索夹

(1)当索夹螺杆的螺纹根部开裂、螺纹严重锈蚀和损坏,或经评估需要更换时,应按下列要求更换螺杆:一次更换同一索夹的多个或全部螺杆时,应分步均匀轮换卸载,分步、交替张拉安装到位,避免索夹局部受力过大。索夹螺杆螺纹长度应足够,张拉旋进到位后,两端均宜留有3~5扣余量。螺杆张拉力应按原设计张拉力实施。螺杆松动导致索夹滑移,吊索偏斜,超出设计要求限值时,应予以恢复。

(2)索夹滑移复位:索夹原则上是不允许滑移的,只要严格控制和保持索夹螺杆拉力,使其不过分松弛,索夹滑移的可能性不大。索夹滑移的限值控制在10mm内,否则应复位。

(3)索夹更换:当索夹腐蚀严重或夹壁、耳板出现裂纹,检查评估结果认为索夹不能继续使用时,应更换索夹。在原索夹位置更换索夹后,应按要求做好索夹及主缆钢丝的防护。复位或更换索夹一般流程为:在被更换索夹的两侧,解除主缆缠丝,并安装临时索夹和临时吊索。可以根据实际情况,在临时吊索下端安装临时吊索吊点。张拉临时吊索,将被更换的吊索力由临时吊索和索夹承受。拆除吊索,解开索夹螺杆,清理并修复索夹处主缆表面防护。复位索夹至设计位置,张拉索夹螺杆,密封索夹环缝和半索夹缝隙,重新安装吊索,张拉吊索完成吊索力转移。拆除临时索夹和吊索,恢复主缆表面防护。

3) 吊索(绳、索)

(1)当吊索长度超20m,存在过大的风致振动时,可将同一吊点的吊索用夹具(减振器)进行连接,夹具的设置间距应研究确定。

(2)吊索销轴衬套应定期更换。

(3)吊索出现下述情况之一时应予以更换:钢丝断丝、锈蚀经检查评估不能满足承载要求时;锚杯内螺纹削弱,导致承载力不能满足设计要求时;吊索锚头发生裂纹或破损时;吊索锚头锈蚀,经检查评估不能继续使用时;使用年限接近设计使用年限,经检查评估不能满足承载要求时。吊索宜逐根更换,更换时应对索长和索力进行双控,并根据更换目标的不同确定主控指标。短吊索经常性损坏时应分析原因,并宜进行结构性改造。

4) 索鞍(套)

鞍座偏位超出设计要求并对塔身受力产生不利影响时,应对鞍座位置进行纠偏。主索鞍和散索鞍(套)锚栓、鞍槽口拉杆螺栓及其他固定螺栓或对合螺栓出现开裂或断裂,应及时更换。全铸、全焊或铸焊结合的鞍座局部出现裂纹时,不得随意补焊。索鞍修复后,应按原设计要求恢复防护涂装。

两半散索套本体之间的间距超出设计限值,应张拉对合螺杆,使两半散索套本体的间距恢复到设计位置。索鞍修复施工过程中不得损伤主缆钢丝,发现索股断丝应予以修复。

5) 索塔、鞍室

(1) 索塔鞍室应密封防水,防护罩应保持完好。在索塔经常检查中发现明显病害或缺陷时,应及时进行修复。每次定期检查结束后,应对索塔主要病害进行全面修复。裂缝、破损修补材料和涂料等的技术要求应符合有关技术标准的规定。裂缝修补后,应定期对主要裂缝进行跟踪观测。

索塔塔顶变位异常时,应进行特殊检查,并根据塔顶变位原因分析和检查评估结果制定相应的处治措施。塔身和横梁发生贯通裂缝时,可采用钢筋混凝土围带、粘贴钢板箍或加大截面的方法进行加固。因基础不均匀下沉引起裂缝时,应先加固基础,再采用灌缝或加箍的方法进行加固。桥塔与基础沉降或位移超过容许限值,应加强观察,继续发展时应采取扩大承台或补桩等措施予以加固。

混凝土索塔涂层出现开裂、剥落、起泡的面积达10%以上时,宜进行全索塔重涂。

桥塔与基础发生严重病害时,应及时组织专家鉴定处理,检查原因,制定处理方案。

(2) 鞍室破损、密封门变形或胶条老化导致鞍室湿度异常时,应分析原因并采取下列适宜的修复方案:①正常使用出现的破损、老化,宜按原设计的部件、材料、产品规格进行更换。②其他情况,可根据鞍室密封不严的主要原因改进相关构件的材料与部件规格。悬索桥的鞍室中的主缆段没有主缆防护层且相对湿度超过45%时,会引发主缆钢丝锈蚀。

6) 锚碇

锚碇与锚梁混凝土出现裂缝、剥落、渗水等现象,钢结构出现锈蚀以及垫板、承压钢板出现裂纹等现象时,应分析原因并及时修复。地锚式悬索桥锚固混凝土出现严重开裂或钢构件异常变形的,应对大桥采取封闭或限制交通措施并及时修复。发生地震等突发事件后,应对锚固区进行检查,发现损伤应及时进行修复。

锚碇及锚室结构开裂、变形,应及时查明原因,进行加固处理。锚定板开裂,可增补钢筋混凝土锚定板,支撑开裂或破损可增加型钢支撑。

锚碇与基础出现受力裂缝且有发展趋势的,应及时组织专家鉴定处理,检查原因,制定处理方案。

若锚室发生变形、位移,应及时组织专家鉴定处理、检查原因,制定处理方案。

锚碇与基础出现较大沉降位移时,应及时组织专家鉴定处理、检查原因,制定处理方案。

7)钢箱梁以及索缆锚固区

桥面耳板、锚拉板发生车撞等突发事件后,应立即进行外观和焊缝的无损探伤检查并及时进行修复。

每年定期检查结束后,宜根据病害情况对钢箱梁和锚拉板进行一次全面的修复。锚固构造及周边局部钢板变形、开裂时,应及时进行修复。锚固构造与加劲梁连接的高强度螺栓松动、缺失时,应进行修复。锚固构造焊缝锈蚀、开裂时,应及时进行修复。

8)伸缩缝

伸缩缝主要由边梁型钢、横梁、支承箱等构件组成(图4-1)。

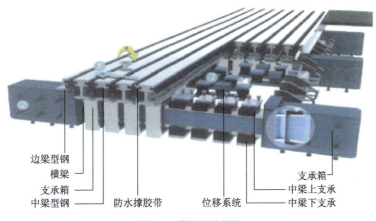

图4-1 伸缩缝示意图

(1)伸缩缝其他各部件出现病害,应及时维修。主要表现为伸缩装置局部构件或单元明显磨损、损坏、缺失,失去部分使用功能。伸缩装置锚固螺栓或连接螺栓松动,弹性元件弹性损失造成伸缩装置振动加剧。伸缩装置锚固区混凝土较大范围破损、开裂。伸缩装置钢结构锈蚀明显。伸缩缝修补前应查明原因,采用行之有效的、与之相适应的修补方法。修补工作要依据缺陷的程度,或部分修补,或全部更换。当铺装层破坏时,要凿除重新铺装。凿除破损部位要划线切割,清扫旧料后再铺装新面层,当采用混凝土浇筑时,要采用快速水泥,并注意新旧接缝保持平整。

(2)伸缩装置出现下列情况时,应进行整体更换:伸缩装置达到国家、行业标准或产品使用说明书中规定的使用寿命,经评估不满足使用功能要求;伸缩装置整体或局部构件出现严重损坏、锈蚀,装置不能正常变形及转动,经专项检测和评估后认为需要整体更换。

9)索股锚固系统

索股锚固系统损坏的修复应在中断交通且气温稳定的时间段进行,应测定损坏锚固系统对应索股的索股力,更换损坏的部件后,应重新将索股张拉至原拉力后锚固。

10）桥墩与基础

定期检查结束后,应对桥墩和基础主要病害进行全面修复。桥墩与基础主要有混凝土表面锈胀、剥落、蜂窝、麻面、露筋等病害。当墩台由于混凝土温度收缩、局部应力集中、施工质量产生的裂缝,活动支座失灵而造成的墩台拉裂,因基础不均匀下沉引起墩、台自下而上的裂缝,墩台基础沉降或位移超过容许限值,墩台基础发生严重病害时,应及时组织专家鉴定处理、检查原因,制定处理方案。

11）支座

(1)支座损伤包括主体受力钢构件异常变形、裂纹、开裂、破损;承压橡胶老化龟裂或挤出破坏;滑板错位、压溃、掉落,或外露磨耗高度低于0.5mm;不锈钢板工作面锈蚀、拉伤,钢板脱焊、撕裂或脱落;支座在变位过程中,零部件相互干涉或位移超限、转动角度超限;其他钢支座、线接触类支座出现疲劳啃蚀以及压溃、锈蚀现象。应结合桥梁检查的结果,对支座进行集中维修与更换。

(2)遭受地震等突发事件后,应检查减隔震支座的状况。对损坏的组件进行修复;应对丧失减隔震功能的支座进行更换。

(3)拉压支座的拉力螺栓或锚固构造出现断裂或脱开时,应立即设置临时受拉构造,分析原因并进行维修或更换支座。

12）检修平台和通道

(1)检修车、电梯的养护应由具备相应资质的单位实施,并使其处于功能完好和安全可靠的状况。

(2)发生地震、峡谷风(8级及以上)等突发事件后,应对检修通道、固定或升降平台进行检查,发现损伤应及时进行修复。

(3)平台和通道不能够满足检查和养护需求时,进行改造或增设,检修平台和通道出现大面积损坏、老化,通过现场养护无法恢复原使用功能时,应对检修通道进行专项改造,使之符合现行《固定式钢梯及平台安全要求》(GB 4053)的规定。增设平台和通道应不影响桥梁主体结构的功能和安全,与桥梁本体的连接设计应满足相关设计规范的要求。

(4)阻尼器。如检查发现液体黏滞阻尼装置有损伤,或火灾、洪灾、地震后有损害,应及时与制造厂家联系,由厂家派专业人员维修。阻尼器应达到国家、行业标准或产品使用说明书中规定的使用寿命。

13）其他

(1)健康监测、除湿系统对存在难以解决的故障、系统问题和存在需要升级改造等方面的问题则上报专项修复工程组织实施。

(2)其他设施,包括供配电设施、防雷设施、桥铭牌、大桥控制点网和管线支架等供配电设施和避雷装置修复的养护,应由具有专业设施资质单位与人员进行维护。每年春季雷雨季节前应检测避雷装置的防雷性能是否良好,如发现防雷性能降低时,必须及时修理。

①修复养护:a.发生地震、峡谷风(8级及以上)等突发事件后,应对管道支架进行检查,发现损伤应及时进行修复。b.发生雷电等突发事件后,应对供配电设施、防雷设施进行检查,如

发现损伤应及时通知专业资质单位进行修复。c.桥铭牌的字体应固定牢固,如发现固定连接件松动、裂缝或脱落,应及时更换。

②其他设施改造或增设:a.管线支架出现大面积损坏、锈蚀,通过现场养护无法恢复原使用功能时,应对管线支架进行专项改造。b.桥铭牌字体大量连接件松动时需进行翻新。c.供配电设施老化无法正常使用或者不能满足现在、将来的检查维护需求时,应对供配电设施进行改造或增设。d.防雷设施要求不满足现行《桥梁防雷技术规范》(GB/T 31067)的要求时,应改造或增设防雷设施。

4.5.4 应急养护

1)主缆体系

(1)主缆体系出现构件断裂等突发风险后,应实施交通管制,由专业机构进行应急检查与评估,根据评估结果对主缆体系采取应急养护措施。

(2)整股断裂的情况基本不会出现。如出现索股整束破断的情况,可采用原索股搭接方式应急,应急后应及时采用可靠连接,恢复原有索股力。主缆索股整束断裂一般仅发生在散索鞍和锚块之间,搭接连接的条件较好。

(3)吊索过火或撞击后,应对损伤情况进行特殊检查与评估,特殊检查基本要求应符合本章特殊检查的规定。承载力不能满足设计要求时应进行更换,应急期间应安装临时索夹与吊索。

2)索塔

(1)经检查评估,塔端锚固区存在较大的环向崩出风险时,应立即采取临时应急防护和交通管制措施,防护范围应充分考虑混凝土坠落和钢筋崩出后的影响区域。

(2)应急防护措施应避免预应力筋发生崩落,可采用管道注浆和钢板封锚防护等方式。

(3)塔端锚固区预应力筋崩出、坠落后,应及时清理桥面的坠落物和塔端的残留物,并安排特殊检查与监测,评估塔端和桥面的受损情况及索塔承载力变化情况。

(4)经评估,索塔锚固区存在承载能力不足或抗裂性能不满足要求时,应及时进行索塔结构的补强。

3)护栏、支座、其他设施

护栏在撞击、火烧、化学腐蚀等突发事件中损伤时,应采取应急养护措施。损伤严重时应进行专项评估。遭受地震等突发事件后,应检查减隔震支座的状况。对损坏的组件进行修复,对丧失减隔震功能的支座应进行更换。拉压支座的拉力螺栓或锚固构造出现断裂或脱开时,应立即设置临时受拉构造,分析原因并进行维修或对支座进行更换。发生地震、峡谷风(8级及以上)等突发事件后,应对管道支架、检修通道、固定或升降平台进行检查,发现损伤应及时进行修复。发生雷电等突发事件后,应对供配电设施、防雷设施进行检查,如发现损伤应及时通知专业资质单位进行修复。

4)桥面铺装

交通肇事或车辆突发事件导致桥面铺装损坏,应采取应急养护措施。损伤严重时应进行专项评估。

4.6　主要构件使用寿命

龙江特大桥是由多个构件组成的结构系统,它们由于功能及材料性能的不同,在使用寿命及维护管理要求上有很大的差异。本办法中,将手册构件按其耐久性特征分为以下四类:

Ⅰ类构件:在整个桥梁的设计使用寿命期间需要正常检查、维护或养护小修、特殊情况下进行中修,不需要经过大修或更新即可维持正常使用的构件;此类构件在设计使用期间的管养费用不高,而初始建设费用一般较高。

Ⅱ类构件:通过周期性的维修和养护(例如钢梁周期性的涂漆等防锈措施)能够达到设计使用寿命的构件,此类构件在设计使用期间的管养费用很高。

Ⅲ类构件:使用寿命较短,无法使用到桥梁设计寿命终结,需要简单维护、周期性更换的重要受力或传力构件。

Ⅳ类构件:使用寿命较短,无法使用到桥梁设计寿命终结,需要周期性更换的次要构件。

养护方案应以全寿命成本分析为基础制定。通过二十年的养护工作,大桥主要构件预期使用寿命应符合表4-2中的要求。

主要构件预期使用寿命目标　　　　　　　　　　　　　　表 4-2

构件名称	预期寿命	构件耐久性类别	是否可更换
桥塔	100 年	Ⅰ	可修补、不可更换
主缆	100 年	Ⅰ	可修补、不可更换
钢箱梁	100 年	Ⅱ	可修补、不可更换
吊索	30 年(设计 20 年)	Ⅲ	25~30 年更换 1 次
钢护栏	100 年	Ⅲ	定期维护,可更换
支座	30 年(设计 25 年)	Ⅳ	可更换
伸缩装置	30 年(设计 15 年)	Ⅳ	可更换,局部可修复

4.7　养护质量管理

首先在技术方案中提出维修质量标准和原材料的技术指标,合同约定的质量标准及要求、设计图纸(技术方案、技术要求)、技术规范规定的相关要求(用于桥梁养护的材料、设施、设备及施工工艺,应符合现行标准或管理单位同意使用的其他技术规范及经批准的工程技术要求)。明确工程质量标准(应符合相关质量标准或养护管理单位同意使用的其他标准),提出保证工程质量的措施和手段,施工过程中要加强工序质量的检查和抽验,合理解决影响养护工程质量的相关问题。过程中,原材料必须提供合格证,必须进行现场抽检的要在检测合格后才能使用;前道工序未经检查合格,不得进行下道工序的施工。工程重要环节和关键部位要进行旁站,监督检查各项试验指标和测量结果,加强施工过程中的工序质量控制。养护工程完成后,评定养护工程质量。根据《公路养护工程质量检验评定标准》(JTG 5220—2020),养护工程质量等级应分为合格与不合格。应按规范进行验收评定。

工程质量缺陷期的管理:桥梁维修工程质量缺陷责任期一般为6个月,最长不超过12个月;质量缺陷责任期内出现的质量问题由管理处工程技术人员督促施工单位负责保修,并对造成的损失承担赔偿责任。质量缺陷责任期满签署证书解除质量缺陷责任。

养护工程的验收管理:由于悬索桥结构规模大、形式复杂,对于桥梁的检测与技术服务工作,管理处将根据实际情况适时邀请国内技术专家、同行单位对工作成果进行讨论评审验收。例如主桥关键部位、关键节点是否巡查到位、检测到位、处理到位,养护手段、方法是否科学、高效,是否真实掌握桥梁结构在运营过程中的渐变状况、病害的累积发展状况,对主桥技术状况和安全状况评估是否准确等。

4.8 资料管理

(1)大桥养护档案落实专人管理,积极使用现代化养护管理信息系统,实行电子化、数据化,建立信息管理数据库。

(2)桥梁结构技术资料:按照"一桥一档",桥梁结构技术资料包括大桥前期文件(指挥部移交管理处保管)、设计文件及施工图(管理处保管)、结构计算分析报告、施工过程中的试验检测及科研资料、工程事故处理资料、施工全过程的结构位移和变形测试资料、观测或监测点(部件)资料、大桥竣(交)工资料(管理处保管)。

(3)桥梁养护资料:初始检查后形成的初始档案、检查与检测技术资料、技术状况与适应性评定等级、桥梁变形观测技术资料,大桥维修加固方案、评审方案,招投标、合同资料、施工记录、安全质量管理及竣工资料。

(4)桥梁养护日常管理资料:巡查记录、检查与检测记录、设备运行记录、设施及工器具台账资料、安全台账资料、重车过桥资料。

(5)保山管理处应按云南省交通投资建设集团有限公司要求,每年定期更新桥梁基础信息表,按要求完善相关内容。

(6)桥梁管理资料应包括养护管理单位、监管单位的基本资料,分管领导、养护技术负责人等的基本资料以及养护管理相关细则、手册、指南等。

(7)桥梁检查资料应包括检查(试验)方案、检查(测)报告、照片及多媒体材料、检测单位(试验方)的资质证书(复印件)、业绩证明(复印件)以及主要检测人员的资格证书(复印件)等。

(8)桥梁维修养护资料:预防养护、修复养护工程实施的技术资料和养护质量评定结果,以及工程实施的时间、组织、实施人员等。桥梁的专项养护、应急养护的设计文件、竣工图纸、施工资料、监理资料、监控(监测)资料、质量事故处理报告、竣(交)工验收等技术资料,以及设计、施工、监理和监控(监测)等各方的资质证书(复印件)、业绩证明(复印件)及其主要检测人员的资格证书(复印件)等。

(9)桥梁特殊情况资料：地质灾害、气象灾害、超限运输等特殊事件的具体情况、损害程度、应急措施、处治方案和结果等。

4.9 信息化管理

（1）利用现有智慧养护平台，辅助桥梁养护工程师开展检查、养护与维修工作，同时实现健康监测系统与桥梁养护管理系统的紧密协同。保障系统应具有数据存储、查询、评估和辅助决策的功能。

（2）桥梁评估工作宜结合养护管理系统进行，同时应安排人员对养护管理系统进行日常维护。

（3）健康监测系统根据龙江特大桥特点，对加劲梁挠度、塔梁变形、关键截面应变(疲劳)、主缆线形、索力、塔梁关键裂缝、结构振动等重要静、动力参数进行监测，结合风力、温湿度、车辆荷载等外部环境要素监测结果，综合分析、评估桥梁重要指标的状态，通过设置合理的阈值实现分级预警，并对桥梁养护管理提出科学的决策建议。

（4）视频监控：从管养维护角度出发，全天候实时掌握桥面及桥梁结构各重点位置的视频图像信息，有利于及时发现妨碍桥梁正常运营和结构安全的突发事件并作出快速反应，同时留下视频录像，便于问题的追溯和事后取证。

（5）应配备符合条件的桥梁和机电专业人员进行健康监测系统的日常管理与使用，应保证健康监测系统技术人员相对稳定。健康监测系统若存在故障应及时告知健康监测服务单位。

第 5 章

检查及检测评估

检查工作中,日巡查、夜巡查、经常性检查等检查工作主要由保山管理处完成,对于需要具备特定专业技能的检查项目,由保山管理处择优选择或委托设计、科研、专业检测单位承担,并按照规定程序报云南省交通投资建设集团有限公司审核批准。

初始检查应形成初始档案,并包括以下内容:桥梁基本状况卡片、初始检查记录表、典型缺损和病害的照片、文字说明、缺损分布图、总体照片等。

5.1 初始检查

初始检查涉及的桥梁基本信息见表5-1。

初始检查涉及的桥梁基本信息 表5-1

项目	内容
1. 路线编号	G5615
2. 路线名称	天猴高速公路
3. 桥位桩号	K21+173
4. 桥梁编号	G5615530581L1234
5. 桥梁名称	龙江特大桥
6. 被跨越道路(通道)名称	M44县道
7. 被跨越道路(通道)桩号	K20+100
8. 桥梁全长(m)	2235.16
9. 最大跨径(m)	1196
10. 上、下部结构形式	圆端形变截面实心墩预应力钢筋混凝土T梁+圆端形变截面空心薄壁墩预应力钢筋混凝土箱梁+单跨流线型扁平钢箱梁+圆端形变截面空心薄壁墩预应力钢筋混凝土T梁
11. 桥梁分联及跨径组合(m)	3×34+3×34+34+2×34+34+5×40+1196+2×34+34+2×34+34+4×34+4×34
12. 桥梁施工方法	缆索式起重机施工
13. 新建桥梁在施工过程中的返工、维修或加固情况	无
14. 桥梁加固改造情况	无
15. 在用但缺乏档案资料的桥梁维修加固情况	无
16. 设计单位名称	云南省交通规划设计研究院/中交公路规划设计院有限公司联合体
17. 施工单位名称	中交第二公路工程局有限公司/中交路桥建设有限公司
18. 管养单位名称	云南省交通投资建设集团有限公司保山管理处
19. 交工时间(年月日)	2016年4月18日

续上表

项目	内容			
20.初始检查时间	2022年5月			
21.初始检查时的气候及环境温度	晴			
22.桥面高程	检查项目	检查点数(个)	合格点数(个)	合格率(%)
	桥面纵向线形	2	2	100
	桥头高程衔接	4	4	100
23.主缆线形	检测项目	检查点数(个)	合格点数(个)	合格率(%)
	基准索股跨中点高程(m)	6	6	100
	基准索股跨中点上下游高差(m)	3	3	100
24.墩、台身、锚碇的高程	检查项目	检查点数(保山岸/腾冲岸)	检查点数(保山岸/腾冲岸)	合格率(%)(保山岸/腾冲岸)
	保山岸锚碇基础高程	8/15	8/15	100/100
	保山岸锚碇锚体顶面高程	24/46	23/46	96.9/100
	保山岸散索鞍支墩高程	16/8	16/8	100/100
25.墩、台身、索塔倾斜度	检查项目	检查点数(保山岸/腾冲岸)	检查点数(保山岸/腾冲岸)	合格率(%)(保山岸/腾冲岸)
	索塔倾斜度	4/5	4/5	100/100
26.索塔水平变位、高程	检查项目	检查点数(保山岸/腾冲岸)	检查点数(保山岸/腾冲岸)	合格率(%)(保山岸/腾冲岸)
	保山岸索塔塔顶偏位	2/2	2/2	100/100
	索塔承台轴线偏位	4/5	4/5	100/100
	索塔横梁轴线偏位	6/6	6/6	100/100
	索塔承台顶面高程	11/10	11/9	100/90
	索塔横梁顶面高程	8/8	8/8	100/100
	主索鞍轴线偏位	4	4	100
	主索鞍顶面高程	4	4	100
27.悬索桥锚碇水平位移	检查项目	检查点数(保山岸/腾冲岸)	检查点数(保山岸/腾冲岸)	合格率(%)(保山岸/腾冲岸)
	锚体轴线偏位	36/18	36/18	100/100
28.悬索桥索夹滑移及螺杆紧固力	采用尺量方法对左右幅共20根索夹安装位置及滑移情况进行检测,重点检查靠近索塔且斜率较大的索夹;与设计值相比,左幅索夹安装位置偏差范围为 -8~9mm,右幅索夹安装位置偏差范围为 -7~8mm,检测结果均满足规范要求;所抽检的左右幅索夹均未见滑移现象(2019年苏交科集团检测认证有限公司竣工验收检测结果)			

续上表

项目	内容			
	检查项目	检查点数(个)(保山岸/腾冲岸)	检查点数(个)(保山岸/腾冲岸)	合格率(%)(保山岸/腾冲岸)
29.主要承重构件尺寸	索塔承台	2/5	2/5	100/100
	索塔横梁外轮廓	6/6	6/6	100/100
	索塔塔柱	3/5	3/5	100/100
	锚体断面	28/24	28/24	100/100
	散索鞍支墩断面	16/10	16/10	100/100
	钢箱梁外形	12	12	100
	引桥下部结构	20	20	100
	引桥上部结构	186	186	100
30.材质强度	保山岸锚碇混凝土强度共检测38个构件380个测区,腾冲岸锚碇混凝土强度共检测31个构件310个测区,保山岸索塔混凝土强度共检测35个构件350个测区,腾冲岸索塔混凝土强度共检测24个构件240个测区,引桥混凝土强度共检测68个构件680个测区,强度推定值均满足设计要求			
31.钢筋保护层厚度	保山岸锚碇钢筋保护层厚度共检测1720点,合格1124点,合格率65.3%;腾冲岸锚碇钢筋保护层厚度共检测1720点,合格1140点,合格率66.3%;保山岸索塔钢筋保护层厚度共检测1440点,合格790点,合格率54.9%;腾冲岸索塔钢筋保护层厚度共检测860点,合格522点,合格率60.7%;引桥钢筋保护层厚度共检测2960点,合格1721点,合格率58.1%			
32.钢结构涂层厚度	钢箱梁梁段的外表面漆层涂层厚度共358组,经检测涂层厚度有8组平均值未达到设计要求厚度,涂层厚度未达到要求部位经补涂后复检合格,合格率97.8%			
33.吊索索力	由于不具备封闭交通的条件,吊索索力检测是在通车条件下进行测试。现场对左、右幅无抗风减振扣的128根吊索索力进行抽测。根据实测数据分析可知:吊索实测索力与理论值最大偏差率为5.8%,同吊点东侧与西侧(上下游)吊索索力差较小,抽检测试结果表明吊索索力与理论值较为接近,相邻吊索索力差值较小,索力无明显突变(2019年苏交科集团检测认证有限公司竣工验收检测结果)			
34.索夹螺杆轴力	抽检大桥主塔附近索夹螺栓112个,其中3个螺栓紧固力达到设计要求490kN,紧固力损失在30%以内的75个,紧固力损失大于30%的34个,其中紧固力损失大于50%的螺栓有4个:L11-06,L86-06,R02-07,R03-07(2021年2月云南云路工程检测有限公司龙江特大桥专项检测结果)			
35.水中基础表观状况	不涉及			
36.伸缩装置状态及生产合格证	伸缩缝安装稳固,无变形、开裂现象;伸缩缝长度、缝宽、与桥面高差、顺桥向平整度等指标满足设计或规范要求			
37.支座状态及生产合格证	支座纵、横向偏位、支座高程等指标满足设计或规范要求			

续上表

项目	内容
38. 静载试验结果	在各试验工况作用下,得到以下结论: (1)关键测试截面的挠度实测值小于理论计算值,挠度校验系数小于1.0;加劲梁最大挠度299.6cm,相应的挠跨比为$L/399$(L 为跨径),小于《公路悬索桥设计规范》(JTG/T D65-05—2015)的限值($L/250$),结构刚度满足设计要求。 (2)主缆、加劲梁的挠度趋势与理论计算相一致,说明结构在荷载作用下变形协调。 (3)塔顶测试截面的纵向位移实测值均小于理论计算值,位移校验系数小于1.0,结构刚度满足设计要求。 (4)梁端纵向位移实测值均小于理论计算值,位移校验系数小于1.0,结构刚度满足设计要求。 (5)散索鞍转角实测值均小于理论计算值,其校验系数小于1.0、锚碇纵向位移最大值为0.2mm,说明缆索锚固系统刚度及锚碇抗滑稳定性满足设计要求。 (6)结构主要测点实测荷载-位移关系曲线与理论测点荷载-位移关系曲线一致,表明结构处于弹性工作状态。 (7)位移测试控制截面量测的相对残余变形均小于20%,表明卸载后结构变形能够及时恢复,结构处于弹性工作状态。 (8)加劲梁、主塔测试截面控制点应力实测值均小于理论值,应力校验系数小于1.0,说明在最不利设计活载作用下加劲梁、主塔控制截面的实际应力值要较理论值小,截面强度能满足设计要求。 (9)箱梁U肋最大局部变形(相对于相邻横隔板竖向位移)为0.44mm,U肋局部最大应力为18.95MPa,均小于理论计算值。 (10)主缆索股、吊索拉力实测均值小于理论计算值,其校验系数小于1.0,主缆强度满足设计要求
39. 动载试验结果	(1)加劲梁各阶振型与实测振型较为吻合,实测频率值与理论计算基本一致。 (2)竖向一阶自振频率实测值为0.117Hz,大于竖向一阶自振频率理论计算值(0.111Hz),表明结构的整体刚度较大,满足设计要求。由于自振频率是结构的固有特性,反映结构的整体刚度,因此该特征参数可作为今后检查的一个参考指标。 (3)一阶扭转实测频率与一阶竖弯实测频率之比为2.66,说明龙江特大桥主桥钢箱梁的抗风能力较好。 (4)以不同的车速进行动力响应试验时,没有发现动应变、动挠度急剧增加,并在相当长的一段时间内保持很大数值的现象。当试验车辆以不同车速驶过桥跨时,冲击系数与车速之间的相关关系并不明显。 (5)行车试验动应变最大动力放大系数为1.043,行车试验动挠度最大动力放大系数为1.031,行车冲击总体较小。 (6)有障碍行车试验实测的动态增量明显高于无障碍行车试验,说明在今后的运营过程中,保证桥面铺装的平整度,对改善结构的工作状况很重要
40. 记录人	
41. 桥梁工程师姓名	
42. 桥梁初始检查机构	除已备注的外,其他均为苏交科集团股份有限公司工程检测中心、中国船级社实业公司重庆分公司交工验收质量鉴定检测报告检测结果

5.2 日常巡查

日常巡查的责任单位是桥管站;责任人是桥管站负责人。
(1)日巡查(1d/次):每天由桥管站工作人员对大桥结构外观及路面上的状况进行安全巡

逻检查,以目测为主,配以必要的影像记录等工具,并按要求做好龙江特大桥桥梁巡查记录。填表时应记录巡查时间、温度、天气状况、风力、能见度等环境信息,发现明显缺损应进行拍照并及时上报处理。对恶劣天气条件下或受到严重损伤后仍需维持通车的,应增加巡查频率(严寒、高强度风雨雪),桥梁严重受损多来自车撞击、火灾、爆炸等偶发事件。巡查记录按月进行汇总归档。

(2)夜巡查(1周/次):每周由桥管站工作人员对大桥夜间行车及路面上的状况进行安全巡逻检查,并按要求做好大桥夜间巡查记录。

巡查记录表见表5-2。

巡查记录表　　　　　　　　　　　　　表5-2

巡查日期:　　　　年　月　日　时　分　　　　　　天气:

巡查人员:

巡查类别	项目	检查内容	检查情况	处理结果
日巡查	悬索桥主缆	有无振动异常、线形最低点处渗/流水		
	悬索桥吊索(索、绳)	有无振动异常、减振架是否移动或滑落		
	加劲梁	有无线形异常、振动异常		
	索塔	有无大面积破损、明显倾斜与变形		
	桥面铺装	有无影响行车的明显病害或障碍物		
	伸缩装置	有无填塞、破损、型钢或梳齿断裂,过车异响和明显跳车		
	桥面排水	有无桥面积水(下雨天重点检查)		
	护栏/栏杆	是否完好		
	交通标志、标线轮廓标	是否清晰、完好		
	照明系统	是否完好(灯杆竖直,灯具无缺失、稳固)		
	桥梁健康监测软件子系统	是否工作正常,有无预警信息		
	机电系统(供配电、除湿、健康监测硬件子系统)	是否工作运转正常		
夜巡查	交通标志	是否夜晚发光或反光正常		
	标线和轮廓标志	是否发光或反光正常		
	照明系统	是否发光正常		
	行车道	有无影响行车的障碍物		
	防眩设施	是否有效消除汽车前照灯夜间眩光		

注:1.本表按照相关规范进行填写。
　　2.照片另附页。

5.3　经常检查

经常检查的责任单位是腾冲分处;责任人是腾冲分处负责人;检查人员是腾冲分处领导、桥梁工程师和相关工作人员。保山管理处分管领导带领相关人员对开展情况稽查及指导,每季度1次,保山管理处主要领导每年督查两次。

(1)对大桥结构部件进行工作情况检查,以目测和外观检查为主,每月用标准的经常性检查表记载检查情况。每季度汇总填写《季度经常检查记录情况汇总表》,见本书附录D。

(2)经常检查应抵近目测并结合辅助工具对结构表观状况进行规定频率的全面检查,并对前一次定期检查发现的重要病害的发展情况进行重点跟踪检查。在峡谷风(8级及以上)、冰冻等自然灾害频发期,需提高经常检查频率。

(3)经常检查周期应根据"年度桥梁养护定期检查报告",对应桥梁技术状况等级进行评定。应在现场及时填写桥梁经常检查记录表。保山管理处桥梁养护工程师结合稽查检查情况和腾冲分处巡查情况汇总填写季度经常检查记录情况汇总表,初步判断是否需要日常养护,预估缺损范围及工程量安排养护单位。

(4)当经常检查中发现桥梁重要部件或构件缺损严重时,应及时上报并提出实施定期检查或特殊检查的建议。

(5)巡检人员在开展工作时必须身着警示背心、携带警示标志等物品,发现桥梁出现影响交通安全的情况时,要立即进行现场布控,防止事态进一步发展。

(6)鉴于本桥的特殊性,经常检查构件内容、频率及责任划分见表5-3~表5-5。

经常检查要求 表5-3

部件	检查部位		检查要求(责任人)
主缆体系	缆体	I	有无防护层上表面破损,主缆与索鞍有无相对滑移(桥梁工程师、腾冲分处领导、养护科负责人)
		II	有无主缆最低点渗水,主缆索跨过索鞍部分索股钢丝有无挤扁现象(桥梁工程师、腾冲分处领导、养护科负责人)
		III	安装除湿系统的主缆,检查系统工作是否正常、主缆排气口湿度是否满足要求(桥梁工程师、腾冲分处领导、养护科负责人)
	缆套		有无破损、老化、接缝处渗漏水(桥梁工程师、腾冲分处领导)
	索夹		有无松动和明显的滑移痕迹,填缝是否完好,是否锈蚀(桥梁工程师、腾冲分处领导、养护科负责人)
	吊索		有无异常振动、防护破损、锚头渗水、销轴磨损或卡死(桥梁工程师、腾冲分处领导、养护科负责人)
	索鞍		有无异常的位移、卡死、辊轴歪斜;构件锈蚀、破损;鞍座混凝土开裂(桥梁工程师、腾冲分处领导、养护科负责人)
	鞍室	I	有无密封不严、构件破损(桥管站)
		II	湿度应保持在45%以下,温度应在25℃左右。通风、恒温、恒湿设备和照明设施应始终正常运转和完好。检查鞍室内有无雨水渗漏或积水(桥管站)
	锚碇(梁)内索股		有无涂层劣化、破损;索股钢丝锈蚀、断裂(桥梁工程师、腾冲分处领导)
	索股锚固体系		有无锚杆异常拔动、滑移;锚固拉杆涂层劣化、破损;预应力锚头锈蚀、漏油、渗水、锚头周围混凝土开裂(桥梁工程师、腾冲分处领导、养护科负责人)
	扶手绳及立柱		有无涂层劣化、破损;绳体锈蚀、断裂;立柱固定扶手绳位置及底部固定连接是否稳固有效,立柱是否歪斜倾倒(桥管站)

续上表

部件	检查部位		检查要求（责任人）
锚碇	锚室	Ⅰ	有无积水；混凝土开裂，露筋、空洞和钢筋锈蚀；锚室接缝或裂缝渗漏水（桥梁工程师、腾冲分处领导、养护科负责人、保山管理处领导）
		Ⅱ	有无目视可见的整体沉降与位移
		Ⅲ	安装除湿系统的锚室，系统工作是否正常，室内空气湿度是否满足设计要求（桥管站）
	室内机电、照明系统		是否运行正常（桥管站）
加劲梁	钢箱梁内表面可视部位		有无涂层粉化、起泡、脱落、裂纹（桥管站）；结构表面裂缝、焊缝开裂、高强度螺栓锈蚀、松动或缺失（桥管站）；构件局部异常变形（桥梁工程师、腾冲分处领导）；内部水迹或积水（桥管站）
	梁体底面及侧面		钢梁板涂层破损（桥管站）
	索锚固构造		有无积水，钢构件涂层劣化、剥落；结构锈蚀、焊缝裂纹、螺栓松脱断裂；混凝土开裂、破损（桥管站）
	梁内机电、照明系统		运行是否正常（桥管站、桥梁工程师）
索塔	除湿系统		安装除湿系统的加劲梁、索塔，除湿系统是否工作正常，其空气湿度是否满足设计要求（桥管站、桥梁工程师、腾冲分处领导、保山管理处领导）
	索塔根部		有无劣化、破损，裂缝、渗水、表面风化或冲刷剥落、露筋、空洞、钢筋锈蚀和防腐涂装脱落（桥管站）
	索锚固构造		有无钢构件涂层劣化、剥落；结构锈蚀、变形；焊缝裂纹、螺栓松脱断裂；混凝土开裂、破损（桥梁工程师、腾冲分处领导、养护科负责人）
	塔内检修通道		有无涂层劣化，结构锈蚀、断裂，构件缺失
	塔内机电、照明系统		有无运行不正常的情况；电梯是否在国家强检有效期内（桥管站、腾冲分处领导）
桥面系与附属设施	桥面铺装		有无修补不良、污染；沥青坑槽、开裂、车辙、拥包、混凝土破碎、裂缝、露骨等病害（桥管站、腾冲分处领导、养护科负责人）
	桥面排水		有无泄水孔堵塞、集中排水管破损、管节脱落（桥管站）
	伸缩装置		有无填塞、密封橡胶老化破损、型钢或梳齿断裂、缺失，梳齿板伸缩装置螺栓松动、脱落、横梁与支撑松动、异常变形；滑动部件脱落、磨损；底部钢构件锈蚀；过车异响（桥梁工程师、腾冲分处领导、养护科负责人）
	支座		有无异常位移、错位、变形、脱空等现象；支座钢构件锈蚀、裂缝、变形；滑动面磨损；固定螺栓剪断、螺母松动、锈蚀；防尘罩破损；垫石破损（桥梁工程师、腾冲分处领导、养护科负责人）
	检查车及其轨道		有无运行不正常的情况，涂层劣化、破损，钢结构锈蚀与异常变形，螺栓松脱、锈蚀（桥管站、桥梁养护工程师）
	塔梁阻尼器		有无漏油、螺栓松脱断裂；行程异常；涂层劣化、破损（桥梁工程师、腾冲分处领导、养护科负责人）
	栏杆、护栏、风障		有无破损、变形、锈蚀；构件缺失、移动或错位，栏杆、护栏底部固定连接破损（桥管站）
	其他		避雷设施，依据龙江特大桥附近实际气候状况，应于汛期前、雷雨高发季前、雷雨后开展检查，避免避雷设施损坏，导致雷电对桥梁结构及相关设施的破坏。 其他按照现行《公路桥涵养护规范》（JTG 5120）的规定检查

经常检查频次 表 5-4

部件	检查部位		技术状况等级			
			1 类	2 类	3 类	4 类及以上
主缆体系	缆体	Ⅰ	1 次/4 月	1 次/3 月	1 次/2 月	1 次/月
		Ⅱ	1 次/2 月	1 次/月	2 次/月	4 次/月
		Ⅲ	4 次/月	4 次/月	4 次/月	4 次/月
	缆套		1 次/4 月	1 次/3 月	1 次/2 月	1 次/月
	索夹		1 次/4 月	1 次/3 月	1 次/2 月	1 次/月
	吊索		1 次/2 月	1 次/月	2 次/月	4 次/月
	索鞍		1 次/4 月	1 次/3 月	1 次/2 月	1 次/月
	鞍室	Ⅰ	1 次/4 月	1 次/3 月	1 次/2 月	1 次/月
		Ⅱ	4 次/月	4 次/月	4 次/月	4 次/月
	锚碇(梁)内索股		1 次/4 月	1 次/3 月	1 次/2 月	1 次/月
	索股锚固体系		1 次/4 月	1 次/3 月	1 次/2 月	1 次/月
	扶手绳及立柱		1 次/12 月	1 次/6 月	1 次/3 月	1 次/月
锚碇	锚室	Ⅰ	1 次/2 月	1 次/月	2 次/月	4 次/月
		Ⅱ	1 次/12 月	1 次/6 月	1 次/3 月	1 次/月
		Ⅲ	4 次/月	4 次/月	4 次/月	4 次/月
	室内机电、照明系统		1 次/月	1 次/月	2 次/月	4 次/月
加劲梁	钢箱梁内表面、桁梁可视部位		1 次/4 月	1 次/3 月	1 次 2/月	1 次/月
	混凝土箱梁内部		1 次/4 月	1 次/3 月	1 次/2 月	1 次/月
	梁体底面及侧面		1 次/4 月	1 次/3 月	1 次/2 月	1 次/月
	索锚固构造		1 次/6 月	1 次/4 月	1 次/2 月	1 次/月
	梁内机电、照明系统		1 次/月	1 次/月	2 次/月	4 次/月
索塔	钢塔体内部		1 次/4 月	1 次/2 月	1 次/月	1 次/月
	混凝土塔体内部		1 次/6 月	1 次/4 月	1 次/2 月	1 次/月
	索塔根部		1 次/6 月	1 次/4 月	1 次/2 月	1 次/月
	索锚固构造		1 次/6 月	1 次/4 月	1 次/2 月	1 次/月
	塔内检修通道		1 次/6 月	1 次/4 月	1 次/3 月	1 次/月
	塔内机电、照明系统		1 次/4 月	1 次/3 月	1 次/2 月	1 次/月
	其他		1 次/3 月		1 次/月	

注：表中"技术状况等级"为按现行《公路桥梁技术状况评定标准》(JTG/T H21)确定的部件技术等级；表中"其他"包括表 5-3 中"桥面系与附属设施"及"其他"。

桥梁经常检查记录表 表 5-5

管理单位：

1.路线编号	
2.路线名称	

续上表

3. 桥位桩号			
4. 桥梁编号			
5. 桥梁名称			
6. 养护单位			
7. 检查项目	缺损类型	缺损范围	处治建议
8. 加劲梁			
9. 桥(索)塔(可及部位)			
10. 主缆(可及部位)			
11. 吊索			
12. 桥面铺装			
13. 伸缩装置			
14. 人行道、路缘			
15. 栏杆、护栏			
16. 桥台及基础(含冲刷)			
17. 桥墩及基础(含冲刷)			
18. 锚碇(梁)(可及部位)			
19. 支座(可及区域)			
20. 锥坡、护坡			
21. 桥路结合(桥头搭板)			
22. 航标、防撞设施			
23. 调治构造物			
24. 排水系统			
25. 减振装置			
26. 其他			
27. 负责人			
28. 记录人			
29. 检查日期			年 月 日

注:1. 本表按照相关规范进行填写。
　　2. 照片另附页。

5.4　定期检查

　　定期检查每年一次,由保山管理处牵头,检测单位、养护设计单位、养护施工单位配合。
　　(1)定期检查是按《公路缆索结构体系桥梁养护技术规范》(JTG/T 5122—2021)对大桥的技术状态及结构进行全面检查,为评定桥梁技术状况等级、进行桥梁安全评估并制定养护计划提供基础数据。

(2)依据规范要求,龙江特大桥的定期检查周期应为1年1次,结构定期检查应由相应资质的专业单位承担,并应由具有桥梁养护、管理、设计、施工经验的人员参加,且负责同类型桥梁业绩5座以上。

(3)龙江特大桥定期检查工作由保山管理处牵头,定检单位每年2月将定期检测方案报管理处,保山管理处组织养护设计单位、检测单位、养护施工单位开展定期检测方案评审。施工单位就去年日常养护、预防养护做汇报,对养护效果在定检中进行评价。设计单位对方案提出后期满足设计要求的检测意见,并适度参与到定期检查中,以保证定期检查结果能满足后续养护设计的要求,使得后续养护设计更有针对性。

(4)定期检查以目测为主,并应配备现场的辅助器材与设备等必要的测量仪器。要求检查人员必须接近和进入结构各部件仔细检查,现场记录各部件缺损状况并绘制主要病害分布图,定期检查单位将检查结果及时填写在规定记录表内并出具报告,判断病害原因及影响范围,并与历次检查、维修情况进行对比分析,说明病害发展情况。针对缺陷病害提出整治建议及下一次定期检查时间(定期检查中发现的各种缺损应在现场将其范围、程度标记清楚)。

(5)当桥梁部件技术状况为1~2类时,针对部分难以到达或构件数量庞大的部件可采用循环抽检方式,如吊索外观及上下锚头锚固状况、主缆索夹螺杆紧固力、钢桥面焊缝状态、索股锚固系统状态。每次抽检比例不应少于总数的30%,完成一次循环不应超过3年。在养护计划时(或本手册实施时)做好各部件3年循环定检的(部)构件划分,每年采取重点部位高频、次要部位低频的模式,依次按比例均匀抽检,检查周期内循环无遗漏。

对加劲梁、主缆、拉(吊)索进行动力参数测试,并与初始检查和历次结果进行比较分析,收集并统计加劲梁、主塔、缆索出现风振的时间、持续时长、幅值等资料。

(6)当桥梁部件技术状况为3~5类时,应对部件进行全面检查,维修处治,直至其技术状态恢复到1类或2类。桥梁整体变形、主缆底面外观的定期检查可每2~3年1次。桥梁变形测量应选择一年中相同季节、温度相近、温度稳定的时段进行,测量时宜中断交通。

(7)现场校核桥梁基本数据,定期检查完成后,应将本次检查的桥梁各部件一般评定结果,填写或补充完善"桥梁基本状况卡片"(本书附录B)。总体照片应包括桥面正面、上游侧立面及下游侧立面三张。

(8)进行技术状况及适应性评定,提出养护建议。根据经评定的技术状况等级,对大桥分别采取不同的养护对策,见表5-6。

桥梁技术状况等级与养护对策　　　　表5-6

技术状况等级	养护对策
1类	正常保养或预防养护
2类	修复养护或预防养护
3类	修复养护、加固或更换较大缺陷构件;必要时可进行交通管制
4类	修复养护、加固或改造;及时进行交通管制,必要时封闭交通
5类	及时封闭交通,改建或重建

不在适应性评定周期的定期检查,只进行技术状况评定。

(9)对龙江特大桥主要部件中严重缺损或存在安全隐患的构件,应做影像记录,并附病害状况说明。对难以判断其损坏程度和原因的构件,应提出特殊检查的建议。定期检查后确认需限制交通应及时报告并提出具体建议。年度定期检查情况表见表 5-7,各构件定期检查记录表(构件名称)见表 5-8。

年度定期检查情况表　　　　　　　　　　　　　　　　　　表 5-7

管理单位:　　　　　　　　　养护单位:　　　　　　　　　桥名:
桥梁编码:　　　　　　　　　检查单位:　　　　　　　　　地点:

部件号	部件名称		本年度检查次数	各次检查日期	各次检查评定结果
1	桥面系	桥面铺装			
2		伸缩缝			
3		排水设施			
4		人行道、缘石			
5		栏杆、护栏			
6		灯具、标志			
7	结构部件	桥墩与基础			
8		桥塔与基础			
9		锚碇与基础			
10		主缆			
11		吊索			
12		加劲梁			
13		支座与阻尼器			
14	附属设施	检修通道			
15		除湿设施			
16		健康监测系统			
17		供配电系统			
18		防雷装置			
19		其他附属设施			
综合技术状况评定结果					

记录:　　　　　　　　　　　负责人:　　　　　　　　　　日期:

各构件定期检查记录表(构件名称)　　　　　　　　　　　　表 5-8

管理单位:　　　　　　　　　养护单位:　　　　　　　　　桥名:
桥梁编码:　　　　　　　　　地点:　　　　　　　　　　　检测单位:
说明:　　　　　　　　　　　检查位置:

病害类型	检查设备和方法	病害位置	病害程度	病害大小	单位

续上表

综合技术状况评定结果及说明			
建议措施			
检查单位		检查人	
负责人		日期	

5.5 特殊检查

特殊检查指特殊事件后现场应急处理及检查,后续工作交特殊检查检测单位完成。特殊检查的责任单位是保山管理处;责任人员是保山管理处主要领导。

1)第一阶段巡查

检查时限:自然灾害或异常情况结束后 12h 内。

峡谷风(8 级及以上):检查主缆、吊索和全桥有无异常振动;钢箱梁有无异常;支座、阻尼器、伸缩缝的各组成部件有无损坏;交通标志有无变形、松动、脱落;桥面照明有无损坏;护栏、防眩板有无变形、损坏;钢箱梁检修车有无异常;塔顶设施有无松动。

暴雨、大雪:检查主缆、吊索、锚碇、主塔、钢箱梁有无渗水;桥面铺装有无坑塘、松散;桥面排水系统是否顺畅;路基边坡有无冲刷;交通标志有无变形、损坏。

地震:第一时间对全桥所有构件按照手册要求进行全面检查,初步判断损坏情况,采取紧急措施,同时委托专业检测单位对全桥所有构件进行应急检查,并对损坏情况进行鉴定。

此巡查同日巡查(以步行为主),要求携带道路管理资料、测定器具(照相机、卷尺)、安全器具(锥形标志、安全标志牌等),并且要求保持通信畅通,遇有紧急情况随时汇报,并填写巡查记录表。

2)特殊检查规定及要求

(1)特殊检查应根据检测目的、病害情况和性质、检测指标和检查方法,采用仪器设备进行现场测试和其他辅助试验,并依据检查结果对桥梁安全性与适应性进行分析,形成评定结论,提出措施建议。

(2)在下列情况下应对大桥进行特殊检查:经常检查或定期检查中存在难以判明损伤原因及程度的构件;拟实施整体受力较大改变的养护工程;突发事件后对继续安全运营进行判别鉴定。突发事件主要指地震、洪灾、凝冻、滑坡、风致振动(加劲梁的涡振、吊索风雨振等)、火灾、车辆撞击、有害化学液体污染侵蚀或其他不可预见的自然及人为异常事件等。

(3)特殊检查由保山管理处牵头,委托具备相应资质的专业单位承担。实施特殊检查前,检查单位应明确检查方法和检测指标判别标准,对尚未颁布检测规程的方法应进行论证后方可专项使用。编制检查方案报保山管理处,保山管理处组织业内专家、养护设计单位、检查单位、养护施工单位开展检查方案评审。评审时,为确保后续养护设计的连贯性,养护设计单位须在评审时提出设计意见,方案必须通过专家评审后方可实施。

(4)实施特殊检查前,保山管理处向检查单位提供相关的桥梁资料,包括设计资料、竣工图、主要材料试验报告、施工记录、历次定期检查及特殊检查报告以及历次维修资料和交通量统计资料等,并现场复核。资料用后完整收回。

(5)特殊检查要采用专门技术手段,在现场和试验室应用检测设备进行详细检查和综合分析,并及时记录特殊检查记录表。根据桥梁结构的破损状况和性质,必要时须对桥梁进行现场试验或荷载试验,并提交书面检查报告。特殊检查报告须通过专家评审会评审。

(6)各类自然及人为突发事件发生后,除应及时进行特殊检查外,还宜根据实际情况进行延续一段时间的检查与监测。监控监测服务单位第一时间提交监测报告,后续按照特殊检查单位要求提交监测数据。桥梁如发生结构性毁损,需对全桥或局部受损结构、构件进行结构验算。

(7)索夹螺杆轴力检查选取的索夹螺杆应包括靠近主塔、1/4跨附近和跨中的吊索,在主塔至1/4跨区域不得少于测试螺杆总数的50%。拉(吊)索内部检查应明确断丝和锈蚀造成的截面损失。

(8)地震动及风致振动发生后,除进行外观检查外,还应对结构模态的变化进行检测与评估。

(9)对地震、火灾、车祸、超重车辆过桥等涉及结构安全的事故,均应对结构进行检查验算。

(10)特殊检查报告应包含:桥梁基本情况、检查的目的、任务;检查的组织、时间安排等。描述大桥目前的技术状况,现场调查、检测与试验项目及方法的说明,并根据检查数据与分析结果,对桥梁的技术状况进行适应性评定。特殊检查报告应详细叙述检查部位的损坏原因及程度、评价桥梁的承载能力、通行能力和继续使用的安全性,以及桥梁结构特殊检查评定结果,并提出结构及局部构件的维修、加固建议方案和维护管理措施。特殊检查表见表5-9、表5-10。

特殊检查表(专门检查) 表5-9

管理单位		养护单位		桥名	
桥梁编码		地点		桥型	
检查开始日期		检测结束日期		检测单位	
检测期间天气情况					
检查原因	1.定期检查中难以判明损坏原因及程度				
	2.桥梁综合技术状况为三类、四类,或结构安全状况为三级、四级				
	3.拟通过加固手段提高荷载等级的桥梁				
	4.每5年一次的定期特殊检查				
若检查原因为1、2或3,则具体情况为					
要求评定项目	1.承载能力评定				
	2.通行能力评定				
	3.抗冲击能力评定				
	4.其他				

续上表

检查项目					
检查结果					
部件(项目)名称	检查方法	病害类型	病害范围	备注	
评定结论					
处理意见					
检测单位			资质		
负责人			日期		

特殊检查表(应急检查) 表 5-10

管理单位		养护单位		桥名	
桥梁编码		地点		桥型	
检查开始日期		检测结束日期		检测单位	
检查原因	□滑坡	□地震	□超重车辆过桥	□雷击	
	□山石撞击	□交通事故	□飞行物撞击	□火灾	
	□害化学物质泄漏	□爆炸	□人为破坏	□暴风(雨)	
	□其他				
灾害规模情况					
要求检查项目					
要求评定项目	1. 承载能力评定				
	2. 通行能力评定				
	3. 抗冲击能力评定				
	4. 其他				
检查结果					
部件(项目)名称	检查方法	病害类型	病害范围	备注	
评定结论					
处理意见					
检测单位			资质		
负责人			日期		

5.6 特殊/定检中的部分专门检查

1) 吊索索力测量(测量位置、人员需固定)

按照规范要求,3年间对龙江特大桥部全部吊索的索力轮转进行1次测量(角度最大位置8根,主跨1/2断面2根,主跨1/4断面4根需每年检测每年对比评定)。

吊索索力是衡量悬索桥是否处于正常工作状态的重要指标。龙江特大桥主桥为悬索桥,结构复杂程度较高,随着大桥的运营,索力值吊索性能都会发生一些变化,精确测量索力对了解桥梁工作状态十分重要。因此,专项检测不但关注单根索索力,而且也关注同一断面索的均衡性。

索力测量主要采用频率法。索力测量采用索力动测仪。在实际应用中,吊索的边界条件常常介于两端固定和两端铰支之间,其差别仅与吊索抗弯刚度有关。因此,通常情况下可以认为吊索两端为铰支,并通过吊索的长度来修正由于模型简化所造成的误差。因此,对于某一根指定的吊索,若已知索的长度、每延米索的质量以及支承条件,则只需测出其振动频率,即可求出索力。

2) 索股张拉力对(测量位置、人员需固定)

按照规范要求,3年间对龙江特大桥部全部索股张拉力轮转进行1次测量。

主缆的工作状态是衡量缆索承重桥梁是否处于正常工作状态的重要指标之一,精确测定锚跨索股力对了解缆索承重桥梁工作状态十分重要。索股张拉力的检测方法与吊索索力测量相同,主要采用频率法进行。

3) 钢箱梁疲劳裂缝专项检查

按照规范要求,3年间对龙江特大桥部全部钢箱梁节段轮转进行1次检查。

钢箱梁顶板U肋在车辆荷载作用下,存在明显的局部应力效应,且应力值存在拉压突变,运营期容易产生疲劳裂纹。同时,由于应力集中、施工缺陷等因素,在车辆交变荷载的作用下,钢箱梁中最薄弱的部位最容易出现疲劳开裂,随着时间的变化,裂纹将进一步发展,一旦产生开裂问题而又未能及时地发现与处理,将有可能造成比较严重的经济损失与社会影响。

拉、压构件和节点板等是否扭曲变形、局部损伤是重要的安全信号。造成构件变形有多种原因,一是施工遗留,二是机械撞击,三是局部受力过大(如压杆失稳),其中局部受力过大的情况,可能危及整个结构的承载能力,在检测中要注意判别。

4) 高强度螺栓专项检查

按照规范要求,3年间对龙江特大桥部全部钢箱梁节段轮转进行1次检查。

龙江特大桥加劲梁采用钢箱梁的结构形式,节点上高强度螺栓的连接性能将直接关系到桥梁结构的使用性及安全性,因此需要开展高强度螺栓的专项检查。高强度螺栓的专项检查包括外观检查与扭矩试验。首先通过外观检查的方式,对龙江特大桥高强度螺栓进行详细检查,对于发现的病害,详细记录其位置、大小,并拍摄照片;然后,选取典型位置,进行高强度螺栓扭矩试验,将螺栓的实测扭矩与设计值进行对比,分析其实际性能;最后,结合外观检查、高强度螺栓扭矩试验对刚性较小箱梁接头螺栓进行耐久性评估(图5-1)。

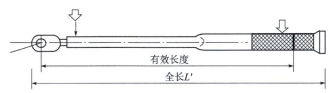

图 5-1　高强度螺栓扭矩扳手

5)焊缝专项检查

按照规范要求,抽检应力集中位置焊缝。

龙江特大桥主桥采用正交异性钢箱梁的结构形式,正交异性板钢箱梁焊缝易出现缺陷和损伤的部位为钢锚箱焊缝、钢箱梁疲劳热点处焊缝以及钢箱梁疲劳裂纹修补焊缝。因此,拟使用超声波探伤仪,对上述3处位置选取典型焊缝进行检测,主要检查焊缝融深和焊缝内部质量等指标。

钢梁焊缝的检测,因工作量较大,建议定期检查中按一定比例抽检(优先选取应力交变区、应力集中区的焊缝以及现场拼接焊缝),先对焊缝表面涂层进行检测,若发现焊缝开裂或怀疑焊缝开裂经确认后,需加大抽检频率,对焊缝进行详细检测。

6)索夹螺杆紧固力检测

目前,可以用于检测索夹螺杆应力状态的常用检测方法有小锤敲击法、扭矩扳手法、拔出法、电阻应变片电测法、超声法等。

(1)小锤敲击法:对桥梁索夹检查,以0.3kg小锤轻轻敲击螺母,以手指感知是否松动和螺杆断裂开动。这种简单方式只适用于完全松掉或出现断裂等严重问题螺杆的确定,对于螺杆的剩余轴力检测任务则无法完成。

(2)扭矩扳手法:扭矩扳手法在工程中应用十分广泛,是最普遍的一种测量和控制高强度螺栓轴向应力的方法,它是根据扭矩来控制应力大小。该方法操作简单,它适用于在线装配过程中控制螺栓的轴向应力大小。但由于整个螺纹部分或是螺栓接触面的摩擦因数都不同,在实际应用中,轴向应力的测量误差最高会达到30%左右。另外,在螺纹的局部区域,特别是牙根部分,容易产生弹塑性变形,这也给控制轴向应力带来一定的难度。而且对某些安装后不能再拧紧的螺栓,如使用这种测量方法,将会损坏结构。图5-2所示为电动扭矩扳手。

图 5-2　电动扭矩扳手

(3)拔出法:拔出法是一种传统的螺杆锚固应力检测的方法。其做法基于的原则是通过千斤顶对螺杆进行张拉,当千斤顶施加的荷载和螺杆内力相等时,螺母将卸载而产生松动。在桥梁工程领域，这种方法常常用于吊索索力、竖向预应力筋锚固应力的检测。但是，这种方法对于悬索桥索夹螺杆这种短轴向杆件系统而言，由于螺杆长度较短，在千斤顶荷载与螺杆荷载相等时由于接触面粗糙度、螺纹加工偏差等原因而使螺母未完全脱离，进而无法检测到松动。根据实桥测试情况来看，只有将已紧固螺杆至少张拉至其轴力的110%，螺母才有可能人工松动，情况较差的，则需要张拉至螺杆轴力的150%以上，螺母才可以人工松动。因此，拔出法的准确性与可靠性在已紧固螺杆的轴力检测上是很难满足技术要求的。

7) 钢箱梁涂层厚度测量

涂层对钢结构的保护作用至关重要。涂层厚度测量采用涂层测厚仪进行，具体方法如下：

（1）采用与待测试样化学成分和厚度相同的无涂层基板作为调零板，在其表面几个不同位置将仪器调零，基板为镀锌板时，应在除掉锌层的基板上调零，零位误差不得大于1μm。

（2）选择与被测涂层厚度相近的标准片调节仪器，使其准确指示出标准片的厚度。反复进行调零和校准的操作，直至获得稳定的零位和标准片厚度读数。

（3）《热喷涂涂层厚度的无损测量方法》（GB/T 11374—2012）规定：①对主要表面面积＜1cm²的试件，做1~3点测量。②对1cm²≤主要表面面积≤1m²的试件，在选择参比面内做3~5点测量。③对主要表面面积≥1m²的试件，选择的参比面为1dm²时，做9点10次测量，第1次与第10次测量点重合。④钢箱梁梁底面积≥1m²的试件，选用9点10次测量的方法。

钢结构涂层厚度仪如图5-3所示，测点分布如图5-4所示。

图5-3 钢结构涂层厚度仪

a)1点测量　b)2点测量　c)3点测量　d)4点测量　e)5点测量

f)9点10次测量

图5-4 测点分布

注：图中×为测量点，数字为测量次数和顺序图测量点的分布。

（4）当基板为镀锌板时，测量锌层和镀层的总厚度，再用对锌层无腐蚀作用的脱漆剂将涂膜除去，在同样的地方测量锌层厚度（或用已知锌层单位面积重量换算成锌层重量），总厚度与涂层厚度之差即为涂层厚度。在测定热镀锌基板上的涂层厚度时，测量点数增加到5点。

（5）求出各测量点涂层厚度的算术平均值，即该试样的涂层厚度。

8) 索塔高清摄像专项检查

索塔是悬索桥的重要受力构件，其是否处于正常状态需引起高度重视。常规检测手段难

以对索塔结构病害进行细致检查,高清摄像专项检查作为一种非接触的目视检查,具有以下优点:

(1) 详尽和全面,可实现对外观老化状态的全局把握。

(2) 检测形成高清漫游图像数据库,实现索塔缺陷的原始状态存储。

(3) 通过定位、测量以及未来的定期检查使索塔缺陷信息的可追溯,以便进行演变分析。

检查分为以下几个步骤:

(1) 检查对象建模。根据结构的竣工图纸或现场的测绘测量建立被检查对象的平面或三维几何模型,预先设定分区拍照的方式以及结构表面的照相分块图。

(2) 现场拍照。根据检查当天的能见度、光照方向及建筑物周围的环境(遮挡情况),选取一个或数个观测点设站,对结构表面按照预设的分区进行拍照,直至覆盖所有可见表面。

(3) 图像处理。后台图形工作站上将分块图像拼接成整体视图,实现高清漫游。

(4) 缺陷检查。检查人员在 ARCGIS 软件中对可缩放的结构表面的高清图进行缺陷的查找、定性和测量,同时生成缺陷数据库。

9) 支座、伸缩缝专项检查

支座属于使用寿命较短、易损性程度较高的构件。支座病害严重时会导致支座滑动受阻,影响桥梁的正常伸缩,对结构受力不利,造成额外附加的较大内应力;同时,支座滑动受阻还会引起桥梁上下游不均匀伸缩,进而可能引起伸缩缝和其他支座的损坏,严重时会使结构发生病害。

支座专项检查应包含支座(桥台)四氟板厚度测量、支座位置测量、支座反力测量等内容。

大行程伸缩缝随使用年限增加,容易发生混凝土破损、螺栓松动、不锈钢滑板破损或翘角、型钢变形或断裂、伸缩装置安装螺栓滑丝或折断损坏等病害。伸缩缝病害可导致加劲梁变形受阻,影响加劲梁内力状态。

10) 混凝土结构无损检测

混凝土无损检测工作主要包括裂缝深度、钢筋锈蚀、混凝土强度、混凝土碳化深度、保护层厚度 5 项内容。具体如下:

(1) 裂缝深度检测。

对于大桥混凝土索塔、混凝土梁的重点部位裂缝,特别是宽度超限的裂缝,需进行裂缝深度检测。采用非金属超声探测仪进行裂缝深度检测,裂缝深度检测通常采用单面平测法(图5-5)。

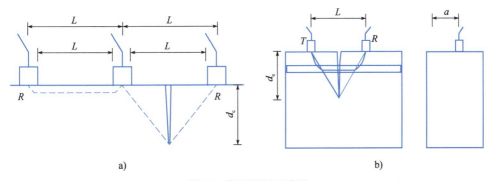

图 5-5 单面平测法示意图

(2)钢筋锈蚀检测。

钢筋锈蚀严重会影响桥梁的承载能力、加速桥梁的损坏,一般选择钢筋可能存在锈蚀的部位应采用钢筋锈蚀仪进行钢筋锈蚀检测。考虑龙江特大桥的结构现状,采用检测混凝土电阻率的方式判断钢筋锈蚀状况。

(3)混凝土强度检测。

混凝土强度是评价桥梁承载能力的重要指标。采用回弹法对索塔混凝土强度进行检测。回弹法是采用回弹仪的弹簧驱动重锤,通过弹击杆弹击混凝土表面,并以重锤被反弹回来的距离(称回弹值,指反弹距离与弹簧初始长度之比)作为强度相关指标来推算混凝土强度的一种方法(图5-6)。

图5-6 回弹法检测混凝土强度

(4)混凝土碳化深度检测。

混凝土碳化深度是评价混凝土性能劣化情况的重要指标。因此,安排在进行混凝土强度测试时同时进行混凝土碳化深度的检测。混凝土碳化深度的检测方法如下:

①采用适当的工具在测区表面形成直径约15mm的孔洞,其深度应大于混凝土的碳化深度。测孔成孔后,应用圆刷或皮老虎吹净孔洞中的粉末和碎屑,不得用水洗方式。

②将酚酞指示剂喷到测孔壁上,待混凝土新茬变色后,已碳化与未碳化界线清楚时,用混凝土碳化深度仪测量已碳化与未碳化混凝土交界面到混凝土表面的垂直距离。混凝土变色成紫红色的为未碳化部分,不变色的混凝土为已碳化部分。

③每处碳化深度测点的混凝土碳化深度读数准确至0.5mm,测量不少于3次,取其平均值,作为该测点的混凝土碳化深度值。

(5)保护层厚度检测。

针对桥梁外观检测中发现的露筋、锈蚀等问题,进行混凝土保护层厚度专项检测。检测采用钢筋位置测定仪测量钢筋保护层厚度,通过外业测量和内业处理得到测区内箍筋或主筋的保护层厚度。

混凝土保护层测试仪是利用电磁感应原理进行检测的。在探头线圈中通入交流电,从而产生电磁场,在该电磁场内有钢筋等磁性体存在时,这个磁性体就产生感生电流,感生电流形成反向的感生电磁场,结果使线圈电压产生变化。电磁场强度的变化和金属物大小与探头距离存在一定的对应关系,如果对特定尺寸的钢筋和所要调查的材料进行适当标定,通过探头测量并由仪表显示出来这种对应关系,即可估测混凝土保护层厚度。

11) 全桥静载试验

全桥静载试验的观测项目主要包括三方面:应力观测、挠度观测及试验现象观测(位移及裂缝)。应力采用高精度表面应变传感器进行测量,使用读数仪和分线箱进行数据采集;挠度观测使用精密水准仪进行测量,使用静态数据采集仪进行数据采集;试验现象观测主要是对试验过程中结构的开裂情况进行检查,并检查有无异常的振动和响声等,裂缝的长度和宽度分别使用钢尺和读数显微镜进行测量。全桥静载试验具体观测内容如下:

(1) 结构控制截面最大挠度。
(2) 结构控制截面最大应力。
(3) 裂缝(若有)的出现和扩展及卸载后的闭合情况。
(4) 最不利吊索力增量/吊索活载张力最大增量。
(5) 主缆锚跨索股最大张力增量。
(6) 加劲梁梁端最大纵向漂移。

12) 全桥动力特性测试

动载试验用于了解桥梁自身的动力特性、抵抗受迫振动及突发荷载的能力。其主要项目应包括:

(1) 脉动试验。

在桥面无任何交通荷载以及桥址附近无规则振源的情况下,通过高灵敏度动力测试系统测定桥址处风荷载、地脉动、水流等随机荷载激振而引起桥跨结构的微小振动响应,测试桥梁的竖弯模态。

(2) 行车试验。

采用载重汽车加载,汽车分别以 20km/h、30km/h、40km/h、50km/h 的速度匀速通过桥跨结构,由于在行驶过程中对桥面产生冲击作用,从而使桥梁结构产生振动。测试桥跨内力控制截面的汽车荷载冲击系数。

(3) 制动试验。

采用单辆试验车在墩顶处紧急制动,测试桥梁的振动响应。让试验车以 40km/h 的速度匀速行驶到试验跨墩顶时实施紧急制动,测得其最大纵向振动幅值。

5.7 应急检查

发生特殊事件后应进行现场应急处理及检查(管理处 + 分处 + 桥梁工程师),后续工作交由特殊检查检测单位完成。

(1) 桥面发生突发事件时,应针对火灾、撞击、化学物质泄漏等不同事件对关联构件产生的影响进行及时的检查,检查完成后要求进行特殊检查。

行驶在桥上的车辆或其他运载化学物的车辆发生意外等原因引起火灾、撞击和腐蚀后要进行检查。当行驶在桥上的车辆发生意外事故而引起火灾时,应立即采取措施进行灭火并向119报警。因车辆失控,撞击桥梁导致桥梁、道路等设施损坏,或化学剂腐蚀桥梁,应立即检查受灾影响范围内的桥面铺装有无严重损坏;伸缩缝是否受损;火灾或撞击影响范围内的加劲梁是否完好;各根吊索或主缆及其有关连接件是否受损。根据火灾或撞击期间健康监测记录的吊索索力值,分析吊索索力有无变化。查看桥面中央分隔带或其他部位的通信及照明管线、安全监测系统等是否有效。有害化学液体污染桥面和拉(吊)索时,首先要查清其化学成分,使用合适的清洗剂及时清洁,以免桥面及拉(吊)索腐蚀。如果交通事故殃及关键部位,要组织专家研究,确定方案,及时整治。对于撞坏的栏杆或护栏,应立即设置临时防护措施。毁损如对桥梁安全有较大影响时,应上报上级主管单位,采取相应交通管制的措施。

(2)地震后的检查。地震之后,应立即对结构进行全面检查,并对破损部位采取抢修措施,如损坏严重须邀请专家研究处理方案,尽快进行修复、加固处理。

检查的项目有:梁段之间的接缝是否完好;根据地震过程中位移监测值,分析梁端的纵、横向位移是否超过限值;各锚固点是否偏离原位或遭到损坏;根据地震过程中位移监测值,分析各支座与阻尼器是否偏离原位,并检查其是否遭到损坏;伸缩装置是否断裂;吊索和主塔、加劲梁的连接是否完好;提取地震过程中吊索索力的健康监测值,分析索力是否异常;主塔身有无损坏,塔顶纵、横向位移是否超过限值;桥墩有无裂缝或脆性剪切破坏;基础有无损坏,地基是否完好;照明线路及其他用电设施是否完好;防震设施是否损坏。

(3)暴风雨后的检查。如遇暴风雨,应立即启动应急预案,在现场采取必要的应急措施。按规程要求管制和限制过桥车辆通行。暴风雨后,对主塔塔顶偏位进行观测并对记录进行分析,确定主塔有无不可恢复的偏位。检查吊索有无损坏,有无扭曲、变形、断丝,阻尼器是否完好,支座是否处于正常位置和完好状态,钢箱梁主要部位焊缝、风嘴、加劲梁与吊索连接处周围等部位有无裂缝或较大的变形。检查桥面、伸缩缝、栏杆、护栏、风障等桥面系构件是否完好,有无不可恢复的变形。检查桥上各种附加电器,诸如路灯、景观照明灯、塔内照明设施、箱内照明设施、航空障碍灯、航标灯、避雷针及设施、安全监测系统及安全标志等是否完好、有效。

(4)汛期前的检查主要了解桥梁墩台基础冲蚀、河床变化、河道变迁、流量等情况,检查主塔承台、墩台、调治构造物、防护工程等的作用是否正常,防护设备数量是否足够。洪水过后主要检查排水设施是否畅通,桥墩基础、下塔柱、主塔承台、河床和冲刷防护工程是否出现磨损、倾斜、冲刷。依据洪水期间记录的沉降监测值,分析墩台基础及主塔基础有无沉降发生。

(5)人为突发事件后的检查。应严禁人群在桥上集合、齐步走或齐步跑。如遇人群密集性的突发事件,应配合有关部门进行疏散,加强现场保卫,严密防止人为破坏。事件后,对涉及的结构要进行仔细检查。

(6)峡谷风后的检查。接到8级及以上大风即将到来的预报时,观察主桥上的风速仪数据,风速随时间变化的历程曲线;大风到来后确保健康监测系统的正常工作,以记录下风灾期间结构的响应;大风过后,必须对桥梁各结构进行详细检查,检查完后应立即对损坏的构件进行维护。

5.8 桥梁评定

5.8.1 桥梁技术状况评定

(1)技术状况评定应符合现行《公路桥梁技术状况评定标准》(JTG/T H21)的规定。

(2)桥面铺装的评定应符合现行《公路技术状况评定标准》(JTG 5210)的规定。评定应分段、分区进行,评定单元不宜大于单车道二分之一铺装长度,并不应大于100m。

5.8.2 桥梁的适应性评定

结合龙江特大桥的结构特点、受力特性、易损性及风险点,从宏观受力、耐久性、危险性、使用性能等方面开展一些必要的专项评估工作,从而形成结构安全综合评估体系。适应性评定应符合现行《公路桥涵养护规范》(JTG 5120)及《公路桥梁承载能力检测评定规程》(JTG/T J21)的规定。

龙江特大桥的适应性评定宜按周期进行,待相关规范发布后按照规范执行。

目前,国内外采用的评定项目包括以下几项。

1)宏观受力专项评估

(1)结构空间变位专项评估。

大跨径悬索桥结构受力状态较为复杂,运营过程中,索塔和锚碇的沉降、偏位等因素均有可能导致大桥结构空间位置变化,进而引起结构受力状态与设计状态不符,严重情况下可能危及结构的使用安全。因此,对大桥进行结构空间变位专项评估十分必要。宏观意义上,悬索桥结构空间变位主要体现在以下三个方面:主塔、锚碇空间位置变化,主要是指索塔或锚碇的沉降、倾斜;加劲梁恒载线形变化,包括加劲梁结构纵向线形的变化、横向摆动或偏位等;缆索系统线形变化,主要为索夹位置变化、主缆线形变化等。

上述塔、梁、缆索系统的结构空间变位及其造成的后果往往存在着相互作用。例如,主塔沉降或倾斜必然导致主缆线形变化,从而改变加劲梁恒载线形。结构空间变位专项评估主要利用桥梁几何状态测量结果数据进行反演计算分析,评估结构空间变位对结构受力的影响。

(2)结构动力特性专项评估。

结构动力特性主要包括结构的自振频率、振型、阻尼比等因素,由结构形式、质量分布、结构刚度、材料性质、构造连接等因素决定,与外荷载无关,为结构的固有特性。结构动力特性是反映桥梁结构实际受力状态的重要指标,在其他条件不变的情况下,若发现桥梁振动频率降低,则说明桥梁的整体刚度退化;又如桥梁某阶振动频率变化不大,但是发现局部振型有变化,则说明桥梁可能出现局部的损伤,引起桥梁的局部刚度退化。传统的结构模态参数识别是建立在已知系统的输出与输入基础上来求得频域内的频率响应函数或时域内的脉冲响应函数,从而实现对系统模态参数的识别。对于特大桥,不可能采用人工激励的方法,因此主要利用环境激励,采用基于环境激励的模态参数识别方法,桥梁结构的振动响应(输出)由安装在桥上各部位的振动传感器测得。由于结构动力特性数据对反映结构实际工作状态具有重要性,因此有必要利用结构健康监测系统采集的数据,对大桥的结构动力特性进行计算,并与历年动力特性分析数据进行对比分析,揭示大桥结构动力特性的变化规律。

(3)结构整体刚度专项评估。

加劲梁在车辆荷载作用下的挠度响应情况是评估结构整体刚度的重要指标。结构整体刚度专项评估可借用静载试验中校验系数的概念,把车辆荷载作用下加劲梁挠度的计算值与实测值的比值定义为校验系数,从统计学意义上通过考察不同分位值上的概率校验系数,分析桥梁整体刚度性能。具体评估方法为:分析监测系统中的加劲梁挠度响应数据。选取某一天监测系统中的加劲梁跨中挠度数据进行统计分析,得出加劲梁挠度的实测值。计算实际车辆荷载下的加劲梁挠度响应。在假定车辆不加减速、不变道、不超车等情形下,选取同一天系统监测到的车辆荷载数据,施加到桥梁的有限元计算模型上,得到计算挠度。将计算挠度与压力变送器测试到的实测挠度(每秒1次)进行比较,在统计意义上分析桥梁的整体刚度性能。

2)耐久性专项评估

(1)钢结构耐久性专项评估。

影响钢结构耐久性的主要因素是钢结构涂层的性能,钢结构锈蚀等耐久性病害也会首先体现在涂层的劣化、剥落等方面。通过涂层的劣化程度来对涂层耐久性进行评估。具体方法为对钢梁涂层进行外观检查和专项检测,评估涂层的劣化程度。

(2)混凝土结构耐久性专项评估。

影响混凝土结构耐久性的因素有混凝土材料结构等的内在因素和外在环境因素两方面。内在因素如混凝土结构保护层厚度、水灰比、胶凝材料组成、裂缝及其发展、碳化速度和渗透速度等。外在环境因素主要为气候、潮湿、高温、化学介质(酸、酸盐、碱类等)侵蚀、冻融和腐蚀破坏等,特别是冻融和湿度变化等对混凝土结构耐久性影响较大。

现阶段针对公路桥梁混凝土结构的耐久性评估暂无专门规范,拟采取基于《公路桥梁技术状况评定标准》(JTG/T H21—2011)的定性判断进行相应评价,评价方法如下:

将检测得到的混凝土强度、混凝土保护层厚度、钢筋锈蚀、混凝土碳化和氯离子含量等及检测结果,按照《公路桥梁技术状况评定标准》(JTG/T H21—2011)的评定标准,判断混凝土结构耐久性的标度,定性判断结构状况。以钢筋锈蚀和混凝土碳化为例,如表5-11、表5-12所示,通过定性和定量指标得到相应标度,进而判断混凝土结构的完好程度。

钢筋锈蚀 表5-11

标度	评定标准	
	定性描述	定量描述
1	完好	承重构件钢筋锈蚀电位水平为0~ -200mV,或电阻率 > 20000Ω·cm
2	承重构件有轻微锈蚀现象	承重构件钢筋锈蚀电位水平为 -300mV,或电阻率为15000~20000Ω·cm
3	承重构件钢筋发生锈蚀,混凝土表面有沿钢筋的裂缝或混凝土表面有锈迹	承重构件钢筋锈蚀电位水平为 -300~ -400mV,或电阻率为10000~15000Ω·cm

续上表

标度	评定标准	
	定性描述	定量描述
4	承重构件钢筋锈蚀引起混凝土剥落,钢筋裸露,表面膨胀性锈层显著	承重构件钢筋锈蚀电位水平为 −400 ~ −500mV,或电阻率为 5000 ~ 10000Ω·cm
5	承重构件大量钢筋锈蚀引起混凝土剥落,部分钢筋屈服或锈断,混凝土表面严重开裂,影响结构安全	承重构件钢筋锈蚀电位水平 < −500mV,或电阻率 < 5000Ω·cm

混凝土碳化　　表5-12

标度	评定标准
1	完好
2	承重构件有少量碳化现象,且所有碳化深度均小于混凝土保护层厚度
3	承重构件的主要受力部位部分位置出现碳化现象,局部碳化深度大于混凝土保护层厚度,混凝土表面少量胶凝料松散粉化
4	承重构件的主要受力部位全部测点碳化且碳化深度大于混凝土保护层厚度,混凝土表面胶凝料大量松散粉化

3)结构易损性专项评估

(1)吊索力及振动专项评估。

悬索桥吊索是特别容易产生疲劳和腐蚀损伤的构件,其寿命往往比桥梁其他构件的寿命短,因此准确及时掌握吊索的内力及其变化特征,对于判断结构安全、确定换索时机等都至关重要。

吊索索力评估应依托吊索索力测量数据,将本年度实测索力与往年实测索力进行对比分析;同时,将本年度实测索力与健康监测系统中的监测索力进行对比,校核检测系统索力的准确性。

吊索振动评估主要是依据单向加速度计的实测数据,分析在一般环境下、大风环境下吊索的振动幅值和阻尼比,判断吊索减振器的减振抑振性能。

(2)加劲梁疲劳裂纹专项评估。

悬索桥加劲梁顶板 U 肋在车辆荷载作用下,存在明显的局部应力效应,且应力值存在拉压突变,运营期容易产生裂纹。同时,由于应力集中、施工缺陷等因素,在车辆交变荷载的作用下,焊缝最薄弱的部位最容易出现疲劳开裂,随着时间的变化,裂纹将进一步发展,一旦产生开裂问题而又未能及时地发现与处理,将有可能造成比较严重的经济损失与社会影响。

大桥在运营期间,随着交通流量的不断增加,在车辆荷载反复作用下,极有可能出现疲劳问题。为及时掌握疲劳裂纹现状、探明疲劳裂纹的成因和发展趋势、积累疲劳裂纹处治经验,有必要进行加劲梁疲劳裂纹发展专项评估,评估的主要内容包括裂纹发展分析、疲劳裂纹处治建议等。

(3)支座易损性专项评估。

外观检查属于即时检查,仅能评判结构的外观情况,无法了解支座的滑移性能,也无法测量支座四氟滑板的磨损情况。因此,需要对支座进行更为详细的检测,评估支座的使用性能。

支座易损性专项评估需要结合结构健康监测系统中拉绳式位移传感器数据,评估分析支座的以下性能:①支座的纵向滑移性能。主要判断支座是否存在卡死现象、是否存在滑移超限现象、是否存在滑移受阻现象。②支座四氟滑板厚度测量。判断四氟滑板的磨损情况,预测四氟滑板的使用寿命。

4)使用性能专项评估

(1)车辆荷载作用专项评估。

车辆荷载对结构病害的产生和结构耐久性有直接影响。因此,应进行车辆荷载作用专项评估,以便掌握车辆荷载对结构的影响。车辆荷载作用专项评估应至少选取3个月时间内车辆的通行数据,评估以下内容:

车型组成特性及交通量统计特性:①车型组成特性,统计不同轴数车型的组成比率,分析2~6轴车所占比例;②交通量统计特性,统计每周交通量随时间的变化,分析车流量的时间变化规律。

车辆荷载特性:车重的分布多呈现多峰分布特征,研究车重的分布范围。

车流时变特性:关于车流随时间的变化情况,这里重点关注两个参数的变化,时均交通量的时变规律和时均车重的时变规律。

车辆到达特性:车辆到达特性一般以车头时距和车头间距衡量,车头时距是指同一车道上连续两辆车通过道路上某一点的时间差,车头时距概率密度直方图及其拟合,分析车头时距符合何种分布规律。

车流横向分布特性:为了总体把握各车道交通量及占有比例,需要对所有汽车荷载数量分车道进行统计,分析不同车道车辆的通过情况。

车辆超重分析:分析不同轴数车型超重车辆所占的比例。此外,比较各个超重率区段的车辆占各轴型超重车辆的比例。

(2)伸缩缝使用性能专项评估。

伸缩缝使用性能专项评估应利用结构健康监测系统中位移传感器的数据,对大行程伸缩缝变形性能进行统计和分析,同时结合伸缩缝专项检查结果,综合分析评估伸缩缝使用性能。通过此项评估达到以下目的:掌握伸缩缝当前的工作状态;对现有病害进行评估,分析其对于结构整体受力是否产生影响;提出下一年度伸缩缝维护建议。

(3)桥面铺装使用性能专项评估。

桥面铺装检查结果采用路面行驶性能表示,由桥面损坏指数(PCI)、桥面平整度指数(RQI)、抗滑性能指数(SRI)及桥面车辙指数(RDI)四项指标构成。本项评估的目的是对以上指标进行评价。

本项专项评估的基础数据包括桥面损坏检查、桥面平整度检查数据、桥面车辙检查数据、桥面抗滑性能检测数据。

第 6 章

主桥检查与维护

6.1 钢箱梁焊缝的检查与维护

主桥采用单跨流线型扁平钢箱梁结构,钢箱梁总长1194.2m,共划分97个梁段,标准梁段95个(长12.4m),特殊梁段2个。各构件均采用低合金高强度结构钢Q345C,断面形式为不等边风嘴的单箱单室钢箱梁断面,全宽33.5m,桥轴线处净高3m,顶面设2%双向横坡。桥面板厚16mm,底板与上斜板厚10mm,顶底板均采用U肋加厚,U肋厚8mm。钢箱梁每3.1m设一道横隔板,无吊索处横隔板厚10mm,有吊索处横隔板厚12mm。钢箱梁标准断面图如图6-1所示。

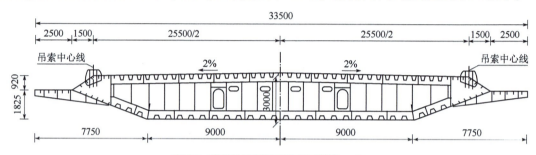

图6-1 钢箱梁标准断面图(尺寸单位:cm)

检查钢箱梁焊缝及母材有无裂纹和开裂,表面有无由于疲劳而引起的裂纹,特别是应力集中区、交变应力区部位,对有损伤裂纹的构件和焊缝等,应观察其发展情况,标上颜色,并对裂缝起讫位置、缝宽等情况进行详细记录,并及时报告。对目测发现的疑似裂纹,采用合适的无损检测方法进行精确检测,确定是否为裂纹。如果确定为裂纹,则对裂纹进行精确定量,以掌握裂纹真实的发展情况。

钢结构的焊缝承受与其方向垂直的交变荷载作用时,在焊接缺陷及局部应力集中处均易诱发疲劳裂纹,该裂纹一旦形成,在应力与腐蚀介质(如水和悬浮在空气中的有害物质组成的溶液)的共同作用下,裂纹将迅速扩展,如不及时修复,将会引起严重后果。因此,及时发现微小裂纹并采取妥善的工艺将其修复至关重要。

6.1.1 关键位置焊缝

(1)在车辆通过横隔板前后,桥面板与U肋的角焊缝横隔板两侧各1m的范围,U肋与桥面板间角焊缝的应力也经历一次交变过程。特别是在慢车道,由于重载车辆速度较慢,车辆的冲击效应明显,这时应对包括U肋嵌补段在内的所有焊缝加强观察。

①焊趾处开裂(图6-2),严重时裂透顶板。此种裂缝在箱梁内部较容易发现,严重时裂透顶板,沿裂缝常常出现锈迹。

②焊缝处开裂,严重时裂透焊缝喉部和顶板。

此种裂缝形式在箱梁内部并不常见,主要表现为打开桥面铺装后,裂透顶板的裂缝清晰可见。雨水会进入U肋,容易造成U肋和顶板腐蚀。未来需要针对此种裂缝进行重点关注,并加强对两道横隔板间此种焊缝的检查。

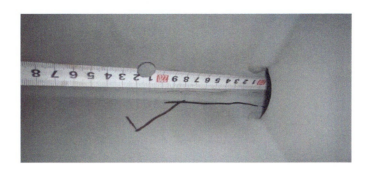

图 6-2　焊趾处开裂

(2)U 肋嵌补段焊缝开裂。

该裂缝的特征是,在 U 肋下缘对接焊缝处裂缝沿着接缝发展(图 6-3)。

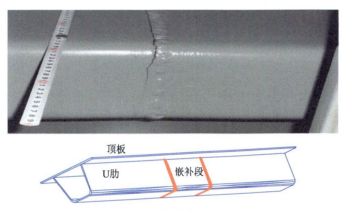

图 6-3　U 肋嵌补段焊缝开裂

(3)U 肋横隔板相交角焊缝开裂。

该裂缝的特征是,U 肋上端过焊孔横隔板与 U 肋焊缝处,角焊缝出现开裂,一般裂缝长度很短,可以用肉眼从钢箱梁内部观察到(图 6-4)。

图 6-4　U 肋横隔板相交角焊缝开裂

(4)桥面板与横隔板的双侧角焊缝。

该焊缝除承受静载、动载作用外,还承受车轮的局部轮压作用,车轮每通过横隔板一次,横隔板两侧的角焊缝均承受一次交变应力,故应对此焊缝加以注意(图6-5)。

图6-5 横隔板与顶板间角焊缝开裂

(5)桥面板、底板的纵向对接焊缝。

桥面板纵缝承受车辆的局部荷载,桥底板纵缝承受由静载和动载引起的主拉应力,如遇焊接缺陷,会有开裂的可能,因此也应注意。

桥面板焊缝应结合桥面铺装裂缝进行检查,当铺装层沥青混凝土出现裂缝时,相应地应对裂缝发生区域的焊缝尤其是桥面板与U肋间的焊缝进行仔细检查。

(6)吊索锚固点处焊缝检查。

吊索锚固点是悬索桥的重要受力构件,承受以拉为主的交变荷载,宜对此焊缝给予足够注意。钢箱梁疲劳裂纹专项检查需要借助于人字梯等工具,抵近箱梁疲劳点处,进行近距离目视观察,同时根据检查情况进行拍照和记录。

6.1.2 焊缝检查(测)方法

1)目视和磁粉检测

对钢箱梁的所有焊缝、钢箱梁的变形和各类板块的完好性进行宏观目视或5倍放大镜检查,对5倍放大镜检测有疑问的焊缝部位进行磁粉检测,所检查的焊缝包括U肋过焊孔处横隔板裂缝;U肋过焊孔处U肋裂缝;U肋过焊孔处顶板焊缝开裂;嵌补段焊缝开裂;横隔板与顶板之间的角焊缝;横隔板与底板之间的角焊缝;横隔板与边腹板之间的角焊缝;钢箱梁环向对接焊缝;顶板、底板纵向对接焊缝;吊耳板的各类角焊缝等焊缝。

2)超声波检测

由于顶板U肋嵌补段焊缝都处在仰焊的位置,而且U肋嵌补段组装时都在桥位现场,很难保证装配质量,焊缝又是不熔透角焊缝,在疲劳荷载的作用下,很容易在焊缝处开裂,所以应重点对这类焊缝进行检测。

对顶板 U 肋嵌补段焊缝进行超声波检测,具体检测部位为顶板 U 肋嵌补段的对接焊缝、U 肋嵌补段与顶板之间的角焊缝、U 肋嵌补段两端向外 300mm 范围的 U 肋与顶板之间的角焊缝。

6.1.3 焊缝裂纹处理

焊缝处若发现裂纹、未熔合、夹渣、未填满、弧坑等缺陷时,应进行返修焊,焊后的焊缝应随即铲磨匀顺。

当钢梁发现裂缝后,除了需要调查研究裂缝原因外,应由具有相关资质的人员进行维修。根据钢箱梁焊缝裂纹不同,主要采用两种方式进行裂纹修补,长度超过 150mm 的进行补焊处理,长度在 150mm 以下的采用止裂孔的方法进行处理。

可以加螺栓盖板,用来恢复开裂断面的截面积以及减小活载应力。

1)裂纹补焊

在咨询专家意见之后才能进行裂纹补焊。用碳弧气刨(ϕ8mm 炭棒)将裂纹清除干净。清除裂纹的长度应由裂纹两端各延伸 50mm 以上,并打磨出 1∶5 的斜坡,并采用 MT 检验确定裂纹清除干净。焊接均采用手工电弧焊,具体参数见表 6-1。

手工电弧焊焊接工艺参数 表 6-1

焊接方法 焊接材料	焊接位置	焊材规格 (mm)	电流 (A)	电压 (V)	速度 (cm/min)
手工电弧焊 SMAW E5015	平位	ϕ4.0	180±20	24±2	15±2.5
	立位	ϕ4.0	140±20	24±2	7.5±1.5
	仰位	ϕ4.0	140±20	24±2	15±2.5

2)止裂孔

通过磁粉检测,确定裂纹的开展方向,然后在裂纹的两端头延伸各 5mm 处钻直径为 8mm 的止裂孔。一般规定孔径不小于板厚。

3)油漆补涂

修补焊接安装完毕后,首先对所有焊缝及涂层破损部位表面进行打磨处理达到 St3 级,然后在其所在部位修补油漆(环氧富锌,干膜厚度 80μm)。防腐工艺要求如下:

(1)表面清洁。

为增大漆膜与钢材的附着力,补涂前对钢材表面进行清洁处理,然后才能涂装。表面清洁工艺基本流程为:用压缩空气吹除表面粉粒→用无油污的干净棉纱、碎布抹净灰尘→防止再污染。

(2)油漆涂层施工技术要求。

所有油漆施工应在温度为 5~38℃(有特殊情况的油漆除外)、相对湿度小于 85%、钢构件表面实际温度高于露点温度 3℃以上、风力不大于 3 级的环境下进行。

空气清洁度:要求环境少尘、无灰。涂装前工件表面应干燥、无灰尘、无油污、无氧化皮、无锈迹。

6.2 钢箱梁防腐涂层的检查与维护

主桥总长1196m,全部由钢箱梁分段焊接而成。桥上的扶手、防撞护栏、主缆、吊索及索夹等也都是金属构件。为了保证大桥能够持续正常运营,不会由于过早锈蚀而造成停运维修,甚至影响到结构强度而带来安全隐患,同时为了充分发挥大桥涂层的装饰效果,不断保持清洁、美观的外表,必须在大桥运营过程中对其防腐涂层进行经常性的检查和维护。

通过目测、手摸、借助放大镜等手段,来检查钢箱梁的涂装层有无粉化、起泡、裂纹、脱落、生锈等情形。检查后记录开裂位置、裂源处、裂纹发展方向、长度及裂纹类型。

若发现裂纹,须进一步由专业检测人员使用专用仪器测定裂纹深度与性质,会同专家及设计人员共同分析、研究解决。

钢材腐蚀是造成钢材料破坏的主要原因之一,钢材的腐蚀将导致构件断面削弱,直至丧失承载能力。为此,需要采用涂装防止腐蚀,定期检查记录涂装的劣化程度。对于龙江特大桥这样的特大跨径桥梁来说,钢箱梁的腐蚀与裂纹更需要高度关注。

检查钢箱梁内部有无漏水、积水,特别是钢梁的隐蔽部位、构件易积雨水处,如桥两侧的泄水管和钢桁梁的连接处等。若出现积水,应注意检查水源。

检查钢箱梁内部湿度是否符合要求,除湿设施是否处于正常工作状态。

检查桁梁(架)杆件及节点部位有无杂物堆积、积水、鸟类粪便等。

6.2.1 钢箱梁涂膜劣化类型、劣化等级及其评定方法

防腐层的劣化一般分粉化、起泡、裂纹、脱落及生锈5种情况,每种情况又分为4个劣化等级,当出现以上情况时,应及时进行维护性涂装或重涂。涂层劣化类型及分级见表6-2。

涂层劣化类型及分级　　　　表6-2

劣化类型	情况描述	劣化等级			
		1级	2级	3级	4级
粉化	涂膜因表面老化损坏而呈粉状脱落,并出现白色或深色粉状物	轻微	中等	轻重	严重
起泡	涂膜因表面出现分布直径不同的膨胀、隆起、点泡或气泡	轻微 (按面积0.3%)	中等 (按面积5%)	轻重 (按面积16%)	严重 (按面积33%)
裂纹	涂膜因表面出现裂痕、网状或条状裂纹	轻微 (按面积0.3%)	中等 (按面积5%)	轻重 (按面积16%)	严重 (按面积33%)

续上表

劣化类型	情况描述	劣化等级			
		1级	2级	3级	4级
脱落	涂膜层间、新旧涂层间丧失附着力,其表面形成小片或鳞片脱落	轻微 (按面积0.3%)	中等 (按面积5%)	轻重 (按面积16%)	严重 (按面积33%)
生锈	涂膜出现针状、点状、泡状或片状锈	轻微 (按面积0%)	中等 (按面积0.3%)	轻重 (按面积3%)	严重 (按面积5%)

6.2.2 钢箱梁涂膜劣化后的维修涂装分类

1)涂膜劣化评定

涂层投入使用后,按照桥梁运营管理单位的规定定期检查,进行涂层劣化评定,根据漆膜劣化情况,选择合适的维修或重涂方式。

(1)当面漆出现3级以上粉化,且粉化减薄的厚度大于初始厚度的50%,或由于景观要求时,彻底清洁面涂层后,涂装与原涂层相容的配套面漆1~2道。

(2)当涂膜处于2~3级开裂,或2~3级剥落,或2~3级起泡,但底涂层完好时,选择相应的中间漆、面漆,进行维修涂装。

(3)当涂膜发生 Ri2~Ri3 锈蚀时,彻底清洁表面,涂装相应中间漆、面漆。

2)维修涂装

对钢箱梁、支座、锚头、检查车、主索鞍等涉及涂装、防腐的部位进行检查后,当防腐层(涂膜)发生粉化、起泡、裂纹、脱落及生锈已达到劣化2~3级时,清除表面污渍,用细砂纸除去粉化物,清除松散、脱落、生锈的涂层,然后涂覆与原涂层相同的底漆、中间漆和面漆,并注意保持各涂层的连续性和厚度。钢箱梁涂装采用 S05 体系,涂环氧富锌底漆1道、环氧云铁中间漆1道、丙烯酸脂肪族聚氨酯面漆1道(总干膜厚度不小于280μm);其他部位涂环氧富锌底漆1道、环氧云铁中间漆1道、丙烯酸脂肪族聚氨酯面漆1道(总干膜厚度200~260μm)。其他技术要求参照设计文件及《公路桥梁钢结构防腐涂装技术条件》(JT/T 722—2023)及其附录执行。

钢结构维护性涂装和局部修补,采用手工清理方式,使用刮刀、敲锈锤、钢刮铲、钢凿子等工具去除旧漆膜、锈蚀和氧化皮,最后用钢丝刷打磨,清除残留的锈蚀和氧化皮等。

涂装材料体系,不论是局部维护性涂装还是全结构重涂,所用材料应符合原设计涂层体系不同腐蚀部位要求,涂料颜色应符合初始涂装设计。

根据涂层劣化等级,分别进行4个层次的维护性涂装:

(1)当劣化类型仅为3级粉化时,清除涂层表层污渍,用细砂除去粉化物层,粉化物层已达中间漆时,除去中间漆层,覆盖2道中间漆,再涂覆2道面漆,未粉化至中间漆时则仅涂2道面漆,并保持面漆颜色一致。

(2)当旧涂层未锈蚀,劣化类型为2~3级,仅起泡、裂纹或脱落时,用手动工具或动力工具清理损坏区域周围疏松涂层,并延伸至未损坏涂层50~80mm成坡口,局部涂刷相应各层底层、中间层及面层漆。要保持涂层表面一致,在局部涂刷完成后,再全部覆盖相同颜色面漆。

(3)当旧涂层已锈蚀,劣化等级为 2～3 级生锈时,清除松散层,直至各层良好结合的涂层为止,旧涂层表面清理达到 St3 级,即被清理的表面油漆涂层部分黏附牢固、完好无损,其他部分无油脂、污物、氧化皮、铁锈和异物,金属基底具有金属光泽,未损坏的涂层区域边缘仍制成 50～80mm 坡口,然后局部涂装相应底漆、中间漆和面漆。如若保持一致,在局部面漆完成后,再全部覆盖一层面漆。

(4)当原富锌底漆锈蚀,劣化等级为 2～3 级生锈时,除去疏松的锌涂层以及涂料层直至良好结合的锌涂层区域为止,钢表面锈蚀清理达到 St3 级。未损坏的涂料,涂层边缘处理同第(2)、第(3)条。

根据涂层劣化面积分别进行两个层次的维护性涂装,即:

①小面积维修涂装。先清理损坏区域周围松散的涂层,延伸至未损坏区域 50～80mm,并应修成坡口,表面处理至 Sa 级,涂装低表面处理环氧涂料 + 面漆。

②中等面积维修涂装。表面处理至 Sa2½ 级,涂装环氧富锌底漆 + 环氧(云铁)漆 + 面漆。

6.2.3 钢箱梁防腐涂层检查及维修

1)日常检查/经常检查/定期检查

检查内容:通过目测、手摸、借助放大镜等手段,对大桥油漆涂层表面质量状态、损坏情况进行检查。要特别注意焊缝部位、钢箱梁与引桥连接部位及检修车轨道等容易忽略的部位,认真观察,做好检查记录(表 6-3)。

钢箱梁防腐涂层大修前检查表　　　　　　表 6-3

检查日期				
检查人			审核人	
环境条件	气温		相对湿度	
检查部位	梁段编号		具体部位	
检查内容	检查结果			处理意见
	涂层劣化状况等级		损坏面积(m^2)	
漆膜色泽				
机械损伤				
粉化				
起泡				
裂纹				
脱落				
生锈				
面积总计				
针孔测试				
硬度测试				
厚度测试				
其他				

2）大修前检查与重新涂装

大型钢箱梁防腐涂层大修涂装,系指大桥在经历了十几年的运营(接近防腐涂层设计寿命年限 15 年)之后,涂层表面已出现较大面积的损坏,而且各项涂膜劣化等级(包括粉化、起泡、裂纹、脱落、生锈)普遍出现 4 级损坏,而决定对大桥涂层做分梁段的逐一重新涂装。此时,油漆系统及涂装工艺已不宜按维修涂装,而应基本按照大桥初始涂装时的油漆系统与工艺执行。

重新涂装与初始涂装虽然所用油漆系统基本一致,但在工艺上具有一些不同的特点:

(1)涂装对象所处状况不同:初始涂装是单个梁段在专门的涂装车间内完成喷砂和油漆;而重新涂装是在大桥现场逐段进行。

(2)涂装环境不同:初始涂装是在工厂内进行,涂装时的温度、湿度等可以选择和控制;而重新涂装只能被动地依季节、天气和大桥运营情况来安排涂装作业。

(3)涂装工具和设备:重新涂装所用的工具与设备须符合现场施工的要求。

因此,对整个大桥涂层做重新涂装,工艺复杂、管理难度较大、费工费时,所以必须慎之又慎。一般在大修前 1～2 年,应反复对涂层的损坏情况做全面彻底的检查,决定是否大修并安排重新涂装,不应以涂层是否已到达设计寿命年限,而应以大修前对涂层所进行的检查结果而定。

3）特殊检查与维修涂装

所谓特殊检查,是指由于意外的突发性事故造成大桥涂层的损坏。例如重大交通事故车辆撞击大桥而造成的涂层严重破损。特殊检查必须及时认真,情况严重的应形成专业检查报告。因为检查结果不仅是事后维修涂装的依据,在某种情况下,甚至可能成为司法仲裁的技术依据。因此,它不属于大桥正常维修检查的范畴。

6.2.4 钢箱梁防腐涂层施工要点

1）喷涂机的安装与检查

(1)安装:将备好的喷涂机的各部件及辅助配件正确安装、连接。

(2)检查:喷涂机安装连接完毕,进入待喷涂状态,喷涂前要检查动力源是否运转正常,然后吸入涂料,检查高压涂料缸是否增压正常、输料软管有无泄漏、配件间连接是否紧密、喷枪及滤网有无堵塞情况等。发生故障时,及时排除。

2）涂装施工方法

(1)工作环境:环境温度低于5℃或高于40℃,或相对湿度高于80%时,不宜施工。在整个涂装施工过程中钢板温度保持在5℃以上。

(2)喷涂参数。

枪距:喷枪口与涂物面的距离为枪距,枪距以 300～500mm 为宜。

喷涂扇面角度:喷涂扇面与被涂物面要相互垂直,手工操作喷枪时,要注意每次的喷涂宽度不宜过大,否则会因操作不便引起喷涂扇面角度明显变化,造成涂层不均匀。喷枪运行的方向要始终与被涂物面平行,与喷枪扇面垂直,以保证涂层的均匀性。喷枪运行速度要稳定,以300~400mm/s为宜。

(3)涂装施工使用无气喷涂。在施工过程中,使用机械式搅拌器保证涂料混合均匀。无气喷涂设备要处于完好状态,进气压力至少达到$5.5kg/cm^2$。泵压比推荐高于40∶1。使用适当型号的喷嘴喷枪,与施工表面保持30~50cm距离均匀移动。

(4)为保证涂层涂膜厚度,可以控制涂料的用量,即一定面积使用一定量的涂料。另外,在防腐涂料喷涂过程中,采用湿膜测厚仪随时测量,掌握涂膜的厚度。

(5)完工后的涂层表面,膜厚必须均匀光滑,表面没有尘土、干喷(即涂料未到达钢材表面已固化)、磨料以及流挂等;如有,需进行修补。

(6)当超过重涂间隔时,在搭接区必须先除去已涂部位的粉尘并磨出坡口,获得良好的附着力。

3)养护

涂装完成后,在自然环境中养护,涂层干燥前不允许任何人员在上面行走或进行其他作业,养护期间避免水淋,养护时间不少于12h。

6.3 钢箱梁与螺栓的检查与维护

6.3.1 钢构件局部变形的检查及矫正

钢构件局部变形的重点检查部位包括运营车辆超限、违章和事故中易于撞损的范围,检修车及检修工具、通行人员所及范围。检查后记录受检构件名称、部位,并对缺陷性质详细描述、绘制附图及拍摄照片。

检查钢箱梁时,首先观察桥跨结构有无异常变形、钢结构有无明显局部变形、桥跨有无异常的振动等状况,查找异常原因。钢构件受到冲击造成局部弯曲时,应研究其危害程度并采取相应的措施。

1)冷矫正法

冷矫正法是用人力或机械力矫正变形,适用于尺寸较小或变形较小的构件。

(1)手工矫正:采用大锤作为工具,适合于尺寸较小构件的局部变形矫正,也可作为机械矫正和热矫正的辅助矫正方法。手工矫正是用锤击使金属延伸,达到矫正变形的目的。

(2)机械矫正:采用简单弓架、千斤顶和其他机械方式来矫正变形。杆件如角钢、槽钢以及工字钢梁翼缘的局部弯曲,可用撬棍矫正。

2)热矫正法

在我国目前较常见的热矫正法是采用乙炔气和氧气混合燃烧火焰为热源,对变形构件进行加热,使其产生新的变形,来抵消原有的变形。热矫正法要根据桥梁实际情况谨慎采用。鉴于承受应力的构件加热时因屈服强度降低会发生应力重分配,影响结构体系的力学性能,因此受力构件禁止使用热矫正法。

3)更换或加固

屈曲、撞击造成损伤、开裂或退化以及验算证明不满足有关要求的构件,应加以更换。桁架构件更换过程如下:在适当节间两边临时支撑,在杆件的两端除去连接,再除去杆件,装上新杆件以及换上新的连接件,最终除去临时支撑。

承载能力不足的构件可以通过增贴钢板或型钢予以加强。附加钢板或型钢可以栓接或焊接到原构件上。在增贴钢板增加杆件承载力时,应进行节点连接验算,不足时则应同时增强节点连接。

6.3.2 螺栓的检查及维护

检查高强度螺栓有无滑移、松动,甚至延时断裂脱落现象。对发现有松动螺栓的螺栓群,应扩大该螺栓群的检查数量,以确定此螺栓群螺栓的使用情况,保证其正常工作。

对于高强度螺栓的病害检查,主要了解各节点高强度螺栓是否存在漏装、断裂、缺失情况,以及高强度螺栓是否存在欠拧、漏拧和松动情况等,主要采用目测法和敲击法。此外,还需检查螺栓油漆是否破裂、脱落,高强度螺栓本身是否锈蚀,板束有无锈水流出等现象。

1)螺栓维修

(1)悬索桥普通螺栓、高强度螺栓等紧固件损坏后,需重新安装。

(2)高强度螺栓施工按现有施工规范及要求报送高强度螺栓安装方案。

(3)如发现螺栓的油漆破裂、脱落,首先判断高强度螺栓是否松动或断裂,若有,则将松动的高强度螺栓复位、将断裂的高强度螺栓更新。

(4)若仅是油漆破裂、脱落、锈蚀,则立即按工艺进行涂装,对流锈水的板束,以高压风吹干,用腻子封堵板缝后,重新油漆。

(5)高强度螺栓松动或断裂,其复位及更换方法如下:将高强度螺栓抽出,清理螺孔及支承面锈斑及污物,更新螺栓。

(6)高强度螺栓可采用扭矩法复位或更换。终拧扭矩(TK)按下式确定:

$$TK = K \cdot N \cdot d \tag{6-1}$$

式中:d——高强度螺栓公称直径(mm)。

N——高强度螺栓施工轴力(kN),考虑到各项损失,高强度螺栓施工轴力一般按较永存轴力大10%考虑。

K——扭矩系数,一般由试验求得,当缺乏试验资料时,可按0.110~0.160取值。

TK——施加扭矩(kN·m)。

(7)普通螺栓、高强度螺栓等紧固件的更换符合现行《钢结构高强度螺栓连接的设计、施工及验收规程》(JGJ 82)和《钢结构用高强度大六角头螺栓、大六角头螺母、垫圈技术条件》(GB/T 1231)等相关标准、规范和规程的相关要求。

2)螺栓的更换

检查出连接松动的不良状况时,应及时予以更换,步骤如下:一是设置保障操作安全的工作台和栅栏;暂时中止行人通过,并尽量减少活载。二是铲除高强度螺栓,可采用直径3~4mm的钻头先由钉头中心钻孔,然后轻轻铲除钉头剩余部分,或使用能保证不烧伤钢料的、配有平口的、特制的焰割工具割除钉头(平常所用的焰割工具不能使用),再用手锤轻轻取出钉杆,操作中应避免伤及钢板。三是高强度螺栓应逐个更换,其螺母及垫圈的材质、规格、强度等级应与原螺栓相同,原则上不得混用,否则应当作专项研究确定其可行性。四是高强度螺栓的更换,对于大型节点,更换数量不宜超过10%;对于螺栓数量较少的节点,则要逐个更换,以防止节点滑动,如板面(摩擦面)不满足要求,应进行处理。高强度螺栓的施工预拉力应符合原设计要求。紧固或更换的高强度螺栓、涂装破损的螺栓应重新封闭螺栓与板件间缝隙,按原涂装方案重新涂装。

6.3.3 锚固区钢结构维修

锚固区构造板件出现锈蚀、开裂或异常变形时,应根据不同成因采取下列维修方案:

(1)锚固构造板件变形宜采用机械矫正。

(2)锚固区疲劳裂纹的修复目标应以改善构造细节、降低裂缝区域疲劳应力幅度的方法为主。

(3)焊缝裂纹应根据轻重程度和成因,采用适当方式进行处理。

(4)较短裂纹,可仅采用钻设止裂孔的方式,止裂孔应设置在裂纹尖端前方0.5~1倍板厚处,直径不宜小于板的厚度,孔中心与裂纹延长线偏差应控制在5mm以内。止裂孔宜采用高强度螺栓栓紧,并列入经常检查的检查点,跟踪裂纹的扩展情况。

(5)对贯穿型裂纹,止裂孔应取两侧板面裂纹最远端的位置。

(6)300mm以上的较长裂纹,钻设止裂孔后,还应按照等刚度、等强度原则进行跨裂纹加衬钢板加固。钢板边缘到现有焊缝端头处的间距不应小于150mm,并宜用高强度螺栓沿裂纹位置夹紧。

(7)钢板开裂、锈蚀、变形严重,影响承载能力时,宜采用栓接钢板进行补强处理。

(8)补强钢板采用焊接连接时,焊接热量不得危及索缆锚头,必要时应采取冷却措施。采用螺栓连接时,螺栓间距可取3~4倍板厚,螺栓中心到板边缘的距离最大为8倍板厚或120mm两者的较小值,且不得小于2倍栓孔直径。

钢箱梁内部易出现病害的部位如图6-6所示。

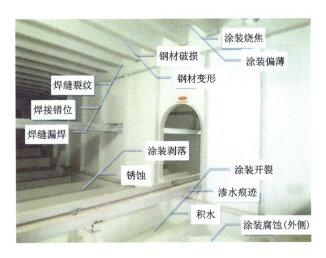

图 6-6　钢箱梁内部易出现病害的部位

6.4　主塔的检查与维护

索塔基础采用哑铃形承台(C40 钢筋混凝土)，每个承台下布置 16 根 D2.5m 钻孔灌注桩基础(本桥位于高地震区，为提高基础抗震性能，设计中采用钢护筒桩基础，钢护筒壁厚 30cm、内径 2.8m，在承台底的埋置深度根据受力要求、地质条件及相关规范综合确定为 8m，为保证钢护筒与桩基及承台连接可靠牢固及提高桩基在地震荷载组合作用下的抗剪能力，钢护筒埋入承台 3m)。

索塔塔柱包括塔冠、上塔柱、下塔柱，采用 C55 混凝土。塔冠及塔柱均采用等圆弧四边形空心薄壁断面，塔柱外壁半径为 5m，内壁半径为 4m。

保山岸索塔总高度为 169.688m，其中，塔冠(含主索鞍室)高 9.206m；上塔柱高 119.482m，截面宽度由 6.75m 变化到 7.5m，塔壁厚度为 0.8m；下塔柱高 41m，截面宽度由 7.5m 变化到 9.96m，塔壁厚度为 1.0m；塔底设置 3m 实心段。索塔在桥面以上的高度为 124.611m。

腾冲岸索塔总高度为 129.703m，其中塔冠(含主索鞍室)高 9.206m，塔柱高 120.497m。截面宽度由 6.75m 变化到 7.506m，塔壁厚度为 1.0m。塔底设置 3m 实心段。索塔在桥面以上的高度为 124.611m。

塔柱竖向主筋净保护层厚度采用 6cm，索塔竖向主筋内外壁均采用 HRB400 钢筋，其中外壁设置了 3 层层间距为 20cm、直径为 40mm 的钢筋，内壁仅设置一层直径为 32mm 钢筋，内外壁主筋均按沿最外层钢筋所在的圆周径向布置，外层钢筋间距为 20cm。

为便于通行和检修维护，塔冠、上塔柱在桥面处、下塔柱底部、塔内隔板及上、下横梁顶面均设有进出索塔的人孔，塔柱、横梁、塔内隔板的人孔均相互连通。索塔仅在路线前进方向左侧上塔柱设有电梯，上、下塔柱两侧均设爬梯。由于主桥及保山岸引桥均设置了检修道(兼人行道功能),为了保证检修道在主引桥衔接处畅通连续,在保山岸索塔外侧(高程为1465.475m)设置了绕塔检修道。图6-7所示为索塔立面图。

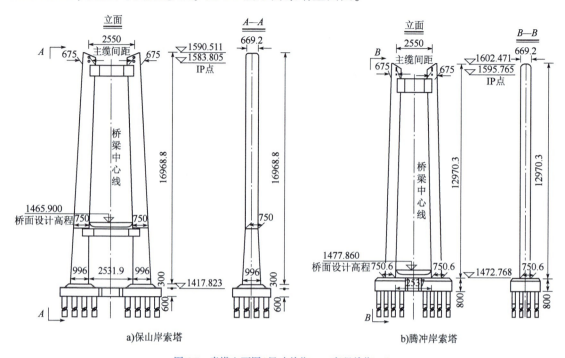

图6-7 索塔立面图(尺寸单位:cm;高程单位:m)

索塔采用C55钢筋混凝土结构,断面结构形式为等圆弧四边形空心薄壁断面,塔柱外壁半径5m,内壁半径4m。塔柱内外壁均采用HRB400钢筋,其中外壁设置3层@20cmφ40mm钢筋,内壁设置1层φ32mm钢筋,竖向主筋净保护层厚度为6cm。塔底设置3m实心段,采用柔性纤维混凝土。桩位平面布置图如图6-8所示。

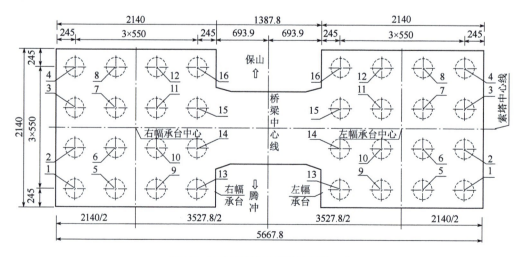

图6-8 桩位平面布置图(尺寸单位:cm)
注:图中序号表示桩基编号。

索塔左右侧塔柱内均设置爬梯,仅在路线前进方向左侧上塔柱内设置电梯。

6.4.1 主塔检查

1)检查方法

主塔检查分为经常检查、定期检查及专项检查,根据不同的检查内容按规定进行。作用于钢箱梁的恒载和活载通过吊索、主缆传递给索塔,因而索塔是通过主缆、吊索对钢箱梁起弹性支承作用的重要构件。作用在索塔上的力除索塔自身外,还有主缆索力垂直分力引起的轴向力、主缆的水平分力引起的弯矩和剪力。此外,温度变化、日照温差、风荷载、地震力、混凝土收缩徐变等都会对索塔内力产生影响。索塔混凝土普通裂缝的形成是受车辆荷载作用、风力、温差等因素的影响,这些因素会造成索力的变化。这些反复的、有周期的作用将会使悬索桥的索塔出现疲劳损伤,导致承载能力下降、使用寿命减少。

(1)塔柱混凝土表面的检查。混凝土表面有无裂缝、渗水、表面风化、剥落、露筋和钢筋锈蚀现象;混凝土表面有无碱集料反应引起的整体龟裂现象。

(2)索塔混凝土结构的裂缝检查。索塔根部是否存在水平向裂缝及裂缝性状;塔根部混凝土是否存在碎裂情况;横梁横向裂缝、顺筋裂缝、横梁上支座和阻尼器周围的裂缝;横梁塔柱节点区域是否存在由于局部应力和弯曲应力引起的裂缝及裂缝性状;横梁是否积水;中塔柱交汇部位是否出现混凝土裂缝;上塔柱塔壁跨中和角点位置是否出现竖向裂缝;主缆在索鞍处的相对滑移及主塔鞍座偏离情况。

(3)索塔顶鞍座的检查。①钢构件检查内容与加劲梁钢结构检查内容基本一致。②检查鞍室内湿度及转向鞍座附近主缆钢丝的锈蚀情况。主缆钢丝进入鞍室后有无防护层,鞍室内湿度、主缆钢丝内锈蚀情况是检查的重点工作。③主缆在索鞍处的相对滑移及主塔鞍座偏离状况。

2)检查重点

(1)塔根部水平裂缝。
(2)塔根部混凝土碎裂。
(3)横梁横向裂缝、顺筋裂缝、横梁上支座和阻尼器周围的裂缝。
(4)横梁塔柱节点区域由于局部应力和弯曲应力引起的裂缝。
(5)横梁积水。
(6)中塔柱交汇部位的混凝土裂缝。
(7)上塔柱塔壁跨中和角点位置的竖向裂缝。
(8)主缆在索鞍处的相对滑移及主塔鞍座偏离。

6.4.2 主塔养护与维修

对于主塔的养护与维修,应针对关键部位出现的重大病害,通过特殊检查,制定方案,由专业队伍实施,具体见表6-4。

主塔病害与维修 表6-4

病害(缺陷)	养护维修对策
混凝土表面裂缝	小于规范值(0.15mm):宜用水玻璃或环氧树脂封闭处理; 大于或等于规范值(0.15mm):宜用环氧树脂胶灌浆处理
混凝土表层麻面、剥落、蜂窝、空洞等	按普通混凝土修补技术处理
挠度、裂缝严重	常用加固方法: 1. 增添钢筋法; 2. 钢板粘贴法; 3. 梁下加八字撑法; 4. 混凝土围带式钢箍加固法
支座处、鞍部混凝土裂缝或压碎	清理破碎混凝土、压力灌缝、环氧混凝土或钢纤维混凝土修复
基础的沉降、偏位	利用地基加固措施纠偏

（1）当非荷载裂缝宽度值在允许范围内（纵向裂缝宽度小于0.20mm）进行封闭处理，一般涂环氧树脂，或凿开后涂环氧树脂及环氧树脂浆膏。

（2）当非荷载裂缝宽度小于0.40mm或出现竖向裂缝时，表面打磨清理后直接涂刷2~3遍环氧树脂。

（3）当非荷载裂缝宽度大于0.4mm时应先开槽,槽宽2cm、深约3cm,用环氧树脂砂浆修补。

（4）对于受力裂缝，应进行局部应力分析，及时向原设计单位主管部门报告，并应加大观测密度，分析裂缝发展趋势。如裂缝发展严重时（如裂缝宽度大于0.40mm时），应查明原因，咨询专家、委托设计或科研单位，采取加固处理措施。

6.5 锚碇的检查与维护

综合考虑地形、地质、施工、工期、造价等方面因素，龙江特大桥锚碇结构形式设计为扩大基础重力式锚碇，采用C30防渗钢筋混凝土结构。保山岸锚碇基础底面在锚前向上抬起，腾冲岸基础底面设置为水平。采用无黏结可更换预应力钢绞线（ϕ_s15.2mm 环氧）锚碇锚固系统，锚固方式为前锚式（图6-9、图6-10）。

大桥锚室积水问题所导致的病害主要有锚室内锚杆、锚具、主缆索股腐蚀病害等。锚碇结构防水问题非常关键，对保证锚碇和钢桁加劲梁结构的可靠受力、洞室内部和加劲梁各种钢构件的防腐效果影响很大。水害又会使锚碇钢构件产生危害，对埋置在锚室内的拉杆、锚具、螺母、主缆钢丝等产生严重腐蚀或断裂；对锚室内的电力设备安全、锚碇内的除湿系统运行造成不利影响。

在大桥进入运营期后，检查发现锚碇均有不同程度的渗水现象，情况严重时地面有积水。主要渗水位置为顶板接缝、墙体与锚固区混凝土接缝、锚墙体螺栓孔。针对这些现象，为确保锚室内湿度达到设计要求，应在建设缺陷责任期对锚室进行全面防水整改。主要整改措施如下：对所有的螺栓孔及接缝用环氧材料进行压力灌浆。保山岸在锚体外部设置集水井，腾冲岸为在锚体外部设置碎石盲沟排水。

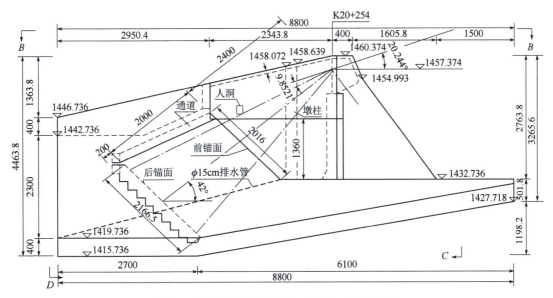

图6-9 保山岸锚碇立面图(尺寸单位:cm;高程单位:m)

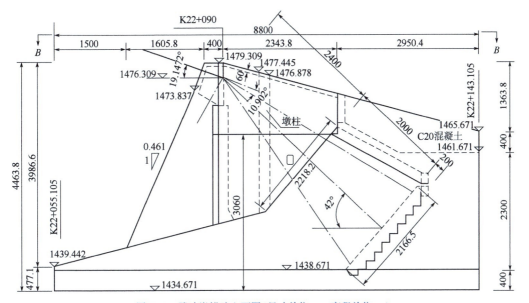

图6-10 腾冲岸锚碇立面图(尺寸单位:cm;高程单位:m)

6.5.1 锚碇检查

（1）锚碇混凝土结构的常规检查内容与索塔混凝土表观检查内容基本一致。结构的检查包括内外观有无明显病害，如裂缝、空洞等；锚碇有无沉降、扭转及水平位移；锚室顶板、侧墙表面状况是否完好；锚面有无裂缝、渗水、渗油。

（2）检查锚碇内照明系统的工作情况。检查锚室清洁情况，并予以清扫；检查主缆进入锚室处的密封及锈蚀情况，锚室内外爬梯有无锈蚀。

(3)锚体周围护坡、排水设施是否存在塌陷、沉降、缺损、堵塞现象,有无垃圾堆积、杂草丛生,各排水设施和人行台阶是否完好。

(4)锚碇混凝土结构的水害检查。考虑到本桥位于山区峡谷,常遇大雾天气,湿度较高,锚碇内部易产生水害,水害又会对锚碇内的结构和钢构件造成腐蚀,因此须重点对锚碇内的渗漏水情况进行重点检测,主要包括:锚室盖板有否开裂漏水;锚室前墙、后墙及侧壁、底板有否开裂渗水;渗水处有否伴有风化,保护层剥落、露筋、空洞、钢筋锈蚀等;各部混凝土截面突变处有无开裂、漏水。螺栓孔及各接缝位置有无渗水。

(5)温湿度是否符合要求,检查锚室内的除湿机的运行状态是否良好;自动排水设施是否完好;锚室内湿度是否正常(≤45%)。

(6)主缆预应力锚固系统的检查,包括:①锚杆与锚碇混凝土的接触界面是否完好,锚杆在墙面处有否拔出、滑移迹象;②锚杆垫板下混凝土高压应力区有否压裂;③有否沿锚杆水侵致使锚杆产生锈蚀;④后锚室内锚固系统是否存在漏油、锈蚀情况。

(7)锚碇内主缆和散索鞍的检查,包括:①主要由散索鞍开始检查锚室内裸露散开丝股,有无钢丝松弛、鼓丝和断丝,有无钢丝锈蚀情况;②主缆进锚处有无渗水现象;③索股与锚杆或预应力锚固体系连接构件涂层是否完好,有无锈蚀、裂纹。预应力锚固体系索体灌浆或油的防护是否完好。预应力锚固体系锚头防锈油是否干硬、失效、缺少,锚头是否锈蚀、开裂,墩头或夹片是否异常,锚头螺母位置有无异常。

(8)锚碇产生位移的原因主要有如下几方面:①锚碇基础的地基弹性变形和徐变,以及不均匀沉降;②锚碇本身的弹性变形和徐变;③地震或者地层潜动引起的锚碇残余水平位移和转动位移。

6.5.2 锚碇养护历程

2021年专项检测发现保山岸锚碇锚坑渗漏水13处(右幅锚碇积水严重,前锚室底部积水深度约10cm,后锚室积水深度约6cm);腾冲岸锚碇锚坑渗漏水6处。

6.5.3 锚碇养护与维修

锚碇混凝土的养护维修,可参照"桥涵养护"相关部分,对关键部位出现的重大病害,应通过特殊检查,制定方案,由专业队伍实施。锚碇及锚室结构开裂、变形,应及时查明原因,进行加固处理。锚碇板开裂,可增补钢筋混凝土锚碇板,支撑开裂或破损可增加型钢支撑。

锚室防水的修复应针对渗漏水源及时采取疏导与封堵措施,并应符合下列规定:对锚室内外所有螺栓孔、裂缝及接缝进行封闭,封闭材料应根据实际情况考虑潮湿状态和渗水压力状态下的正常固化。锚室顶板是采用预制板拼接而成的,可在上表面铺设防水层,锚室内顶板接缝位置设置排水槽并用排水管接入锚碇排水系统。

原设计排水系统无法排除锚室积水后,可抬高锚室内地坪,并在其下增设排水系统,将渗漏水排出锚室外。对于存在较大地下渗透水压的情况,宜在锚室外周边布置永久的外部截水系统。锚室外部截水系统应考虑地下渗流的方向,综合采用阻水止水帷幕与井降排水、排水廊道系统等措施。锚碇定期检查记录表见表6-5。

锚碇定期检查记录表(经常检查时填写) 表 6-5

检查时间：   年 月 日   温度：   ℃
位置：T-E   T-W   B-E   B-W   天气：

检查构件	病害类型	病害描述
锚碇	锚碇周围地表沉陷、隆起	
	混凝土表面裂纹、剥落、露筋及龟裂	
	锚顶防水层脱落、起泡、开裂	
	锚室内部湿度大	
	尘垢、积水	
	锚内照明系统损坏	
	爬梯预埋件锈蚀、松动、脱焊	
	湿接缝处渗水	
	变形缝处渗水	
	锚碇、盖板相交处渗水	
	立面、平面(斜面)相交处渗水	
	其他	

检查人：   审核人：

6.6 缆索的检查与维修

6.6.1 主缆

全桥共设两根主缆(图 6-11)，缆径 724mm(空隙率 20%)，主缆间距 25.5m，中跨理论矢跨比为 1∶10.5。

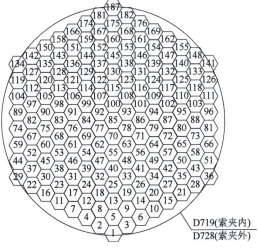

图 6-11 主缆断面图

主缆采用预制平行钢丝索股(PPWS),每根主缆由169股通长索股组成(边跨不设背索),每根索股(约1950m)由91根φ5.25mm、公称抗拉强度1770MPa的高强度镀锌钢丝组成(图6-12、表6-6)。

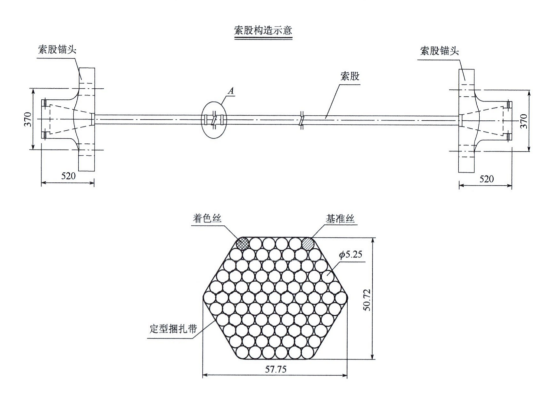

图6-12 索股断面图(尺寸单位:mm)

主缆索股用 φ5.25mm 高强度镀锌钢丝技术要求 表6-6

参数项目		技术指标
直径	镀锌后钢丝直径	φ5.25mm ± 0.06mm
	圆度	≤0.06mm
	编入同一根主缆的钢丝平均直径	φ5.25mm ± 0.01mm
	编入同一根索股的钢丝平均直径	φ5.25mm ± 0.03mm
机械性能	抗拉强度	≥1770MPa
	屈服强度	≥1420MPa
	断后延伸率	≥4.0%(标距=250mm)
	弹性模量	$(2.0 ± 0.1) × 10^5$ MPa
	反复弯曲	≥4次($R = 15.75$mm)
	缠绕性能	≥8圈不断
	抗扭性能	≥14转($L = 525$mm,每秒一转)
	疲劳应力	360MPa(上限应力0.45G.U.T.S,$2 × 10^6$ 反复荷载)

续上表

参数项目		技术指标
镀锌质量	镀锌方式	热镀锌
	镀锌附着量	≥300g/m²
	硫酸铜试验	≥4 次（60s 一次）
	镀锌附着性能	8 圈锌层不起层、不剥离
	表面质量	优良
	锌纯度	99.95%
直线性	自由翘头高度	≤15cm（试件长度 5m）
	自由弯曲直径	≥8m
	弦长矢高	≤30mm（弦长 1m，置于光滑底面，弦与弧矢高）
	钢丝长度	无接头

龙江特大桥主缆防腐采用缠包带+主缆除湿防腐体系，缠包带采用的是美国布朗公司 Cableguard 系列氯磺化聚乙烯橡胶缠包带，施工时按照不低于 50% 的层叠搭接比例自下而上螺旋缠绕于主缆缠丝表面，然后通过特制的加热毯对缠包带进行加热熔接，形成密封。索夹环缝采用布朗公司提供的密封胶+楔形橡胶条的密封方式，理论上可以满足主缆除湿系统的密封耐压要求。

1）主缆检查

线形有无异常变化，主缆索股力是否均匀、有无异常变化；主缆防护及防滑层有无老化、裂缝、起泡、脱落、刮伤、针孔、破损；主缆是否渗水，缠丝有无损伤、锈蚀，必要时可以打开涂层和缠丝；索股钢丝有无锈蚀、鼓丝、断丝；主缆和索鞍有无相对滑移，索槽填块有无滑移，索鞍对拉螺杆有无松弛或断裂；锚室内索股是否锈蚀、滴水；主缆扶手绳有无松弛、锈蚀和断丝，扶手绳立柱是否锈蚀、连接是否牢固可靠。

(1)主缆的外观。

①目视检查表面的主缆防护，有缠包带损坏（如开裂、粉化、碎片、针孔或剥落），应在清洗后重新进行油漆。

②检查外表面有无开裂、鼓包、剥落等病害，如有损坏按照维修要求对损坏部位重新修复。

③检查跨中主缆油漆有无气泡、剥落，索夹滴水口有无渗水现象。

④检查索股端部的热铸锚头，及时清除尘垢水分。

⑤主缆开窗检查。如果主缆保护层发现有渗水情况，在中跨最低点进行开窗检查（检查已设置窗口内有无积水）。

⑥主缆除湿系统风管接头部位、索夹及送气、排气罩端部的封缝有无空气泄漏，主缆内部湿度是否符合要求。

(2)主缆结构的检查。

①外观检查时，若发现缠绕钢丝已严重破坏，如锈蚀或断丝严重的部位，应打开缠丝，将主缆暴露出来以进行更深入的检查，视主缆钢丝的腐蚀损伤程度进行处理，处理完毕后须用新的缠绕钢丝重新缠绕，并在其外表面再行涂装，以确保主缆的防护层完好，避免水分进入。

②对锚室内的索股进行目视检查,看有无钢丝松弛、鼓丝和断丝现象。如发现有断丝现象,可将断口两边一定长度内的钢丝截去,接入一段新钢丝,原有钢丝张拉到一定拉力后,用套筒挤压接头与原有钢丝相连。接头的强度不得小于钢丝强度的90%。

③对锚头、锚板、拉杆和连接器的涂装进行检查。检查除湿机的工作情况,读取和记录锚室内的湿度值,保证锚室内湿度在设计值范围内。

④对鞍罩内的主缆进行外观检查,通过对主缆环形油漆标志的检查,确定主缆索股有无滑移,检查锌填块的滑移情况,及时清理钢丝表面的锈蚀和灰尘。检查除湿机的工作情况,读取和记录鞍罩内的湿度值。检查鞍罩密封门的密封状况,必要时可更换密封门橡胶条,保证鞍罩内湿度在45%范围内。

2)主缆维修

(1)常规维修。

①主缆各索股的受力应保持均匀,若个别索股受力出现明显偏差、松弛或过紧,应通过索端拉杆螺栓进行调整。

②防止主缆索股的锚头、锚杆、裸露索股、分索器及散索鞍等锈蚀,涂装防锈油漆的部分应定期涂刷,涂抹黄油的部分应定期更换黄油,发现剥落、锈蚀应及时处理。

③主缆索的防护层如有开裂、剥落,应尽快修复,必要时可切开防护层检查主缆是否锈蚀并做相应处理,处理完毕后应及时修复。采用涂覆黄油防锈并用简易包裹做防护层的,应定期更换黄油及防护层,并保持其完好状态。

④索夹、索鞍、吊索等的紧固螺栓应保持其原设计受力状态,视其工作情况,每半年至两年定期紧固,若发现松动应及时紧固。

(2)索股维修。

①断丝拼接:先将断丝处丝股绑扎松开,拉出断丝两端头,剪除两端头部分受损段,再剪一段新钢丝,长度大于剪掉段;处理接头部分,磨掉锈蚀锌层,去油污,以套筒挤压接头与一端相接;处理另一端钢丝接头部位,拉紧钢丝至规定拉力,剪除多余钢丝,以套筒挤压连接接头,复位钢丝并两侧扎紧索股。这种带有内壁螺纹的套筒(国产或进口产品),挤压连接后承载力均能达到90%以上。

②索股拼接:整条断裂索股一般均在散索鞍和锚碇墙之间。美国曼哈顿桥进行过这项修复工作。新旧索股间采用热铸锚接头连接,新旧丝股热铸锚间可采用螺杆以丝扣连接,再将索股张拉至要求的索力后锚固。

(3)主缆线形的调整。

①首先作内力分析。根据验算情况,通过调整吊索大螺母来改变加劲梁的高程。这种调整有时会增大加劲梁局部应力,要特别注意。

②如必须用顶推主鞍座和散索鞍座的办法来调整主缆线形,应与大桥设计人员共同进行专项研究后方能实施。悬索桥线形变化过大,即挠度变化过大时,常常是结构隐藏着较大问题的征兆。此时,养护部门应请设计人员参加,并经专家分析研究,找出根由,提出相应的整治措施。

3）主缆缠丝

(1) 缠绕钢丝的基本性能。

抗拉强度不低于 $570N/mm^2$；在 100 个直径内，最少能扭转 40 次；250mm 的标距度内，最小延伸率为 8%。镀锌钢丝在直径为公称直径 3 倍的芯棒上至少缠绕 6 圈，而不发生折断或破裂；钢丝具有良好的可焊性能。

(2) 缠绕钢丝的更换。

缠绕钢丝更换，可分为个别圈钢丝更换和大范围钢丝更换。个别圈钢丝更换可利用主缆检修车或在主缆下方吊挂临时挂篮进行，先将需更换的缠绕钢丝前后各 2~3 圈钢丝用钢焊旁焊，钎焊温度应不影响缠丝下的主缆钢丝，再剪去待换的钢丝，除去腻子（注意不可损伤主缆钢丝），清洁主缆钢丝表面。涂抹新底漆、腻子后再缠绕新的钢丝，两端与原有缠绕钢丝旁焊，再将新绕钢丝头尾各 2~3 圈相互旁焊，缠丝拉力不低于 21kN。清洁处理缠丝表面，按主缆原涂装工艺复原涂装层。

大范围更换缠绕钢丝则需在主缆下方重新吊挂猫道，拆除主缆检修道扶手绳，除去原有缠绕钢丝及腻子，涂抹新腻子，再用绕丝机重新缠绕钢丝。

4）缆索股锚固

(1) 主缆索股端部拉力。

主缆索股靠锚头与锚板将拉力传给拉杆再传到锚体，测定索股端部内力，一般有三种方法：

①靠结构监测系统设在锚杆上的应力传感仪直接测定拉杆拉力（见结构监测系统）；

②用环境随机振动方法测定锚跨索股自振频率再换算索股拉力（委托专业检测单位测量）；

③用液压千斤顶测定拉杆拉力。

千斤顶需经准确标定，一边加载一边检查螺母松动情况，当螺母一开始松动时，读取油表读数即螺杆拉力。

这三种测试方法中第一种方法为定期常规检查；第二种方法为定期检查，需要时可委托专业检测单位测量，当发现锚固系统异常时，需进行特殊检查，对检查中发现拉力异常的索股，再用第三种方法校核。无论采用哪一种办法检查索股拉力，都必须在后半夜气温比较稳定时进行，检查得到的索股拉力必须经过温度修正后再与设计数值比较，判断是否正常。

(2) 索股锚固端检查。

索股锚固端包括锚头、锚板、螺杆、螺母以及连接器和预应力锚具。

锚固端的检查包括外观检查和受力检查，外观检查包括表面油漆脱落、锈蚀，以及位置改变等；受力检查则需检查螺母松动情况、螺杆及索股内力等。

(3) 索股端部内力和延伸量变化过大的处理。

造成索股端部内力和延伸量异常的原因可能是锚碇位移、索塔变位、鞍座滑动或索股断丝以及锚固系统损坏，前三者影响范围较大，后两者只会影响个别索股。一般可以依据出现的情况判断原因,再针对具体原因确定处理措施,必要时可通知设计单位,提交专家评审。

索股断丝的处理:先将断头附近的绑扎带拆除,将断丝两端各剪去约0.5m,再用一根新钢丝先将一端用接丝器连接到断头的一端,然后将另一端与断头的另一端收紧至规定的拉力(通过计算)后再装上接丝器,最后在接头的两外侧用索股夹将一股钢丝夹紧。

对于锚固系统损坏的,可在夜间行车较少时将损坏的索股拉杆螺母放松,并记录螺母松离瞬间的索股拉力,更换损坏部件后,重新将索股拉至原来拉力,加以锚固。

索股锚固是悬索桥的"生命线",如大面积出现问题,应立即封闭交通,报请主管部门会同有关方面研究处理办法。

5)主缆防护

主缆防护构造图如图6-13所示。

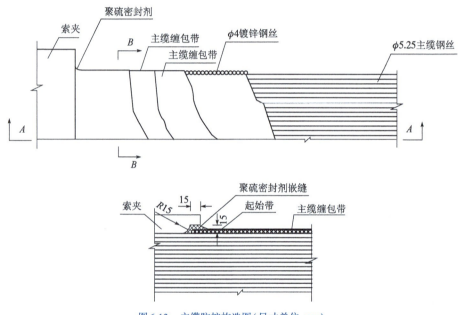

图6-13 主缆防护构造图(尺寸单位:mm)

6.6.2 吊索系统

本桥采用钢丝绳吊索,每一吊点设两根吊索。吊索与索夹为骑跨式连接,与加劲梁为销铰式连接。吊索钢丝绳公称直径为52mm,公称抗拉强度为1670MPa,结构形式为 $8 \times 55SWS + IWR$ 的钢芯钢丝绳。

在主缆中心下1.5m处设置吊索夹具,对于吊索长度$20m \leqslant L \leqslant 50m$的吊索,设置1个减振架;对于吊索长度$50m \leqslant L \leqslant 100m$的吊索,设置2个减振架;对于吊索长度$L \geqslant 100m$的吊索,设置3个减振架,以减少吊索的风致振动。

吊索两端锚头采用叉形热铸锚,锚头由锚杯与叉形耳板构成。叉形耳板与锚杯通过螺纹连接;每端叉形耳板与锚杯之间的螺纹各设有±20mm的调节量。吊索布置及构造图如图6-14所示,一个吊点吊索示意图如图6-15所示。

第6章 主桥检查与维护

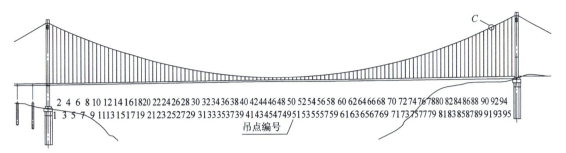

a) 吊索布置图

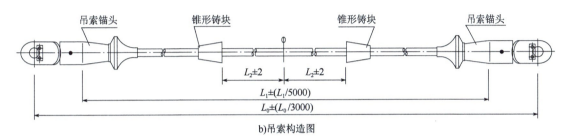

b) 吊索构造图

图 6-14 吊索布置及构造图(尺寸单位:mm)

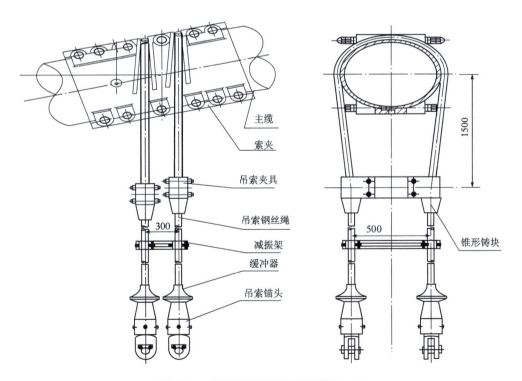

图 6-15 一个吊点吊索示意图(尺寸单位:mm)

1）吊索涂装体系

吊索按表6-7的要求进行涂装。

吊索涂装工艺要求   表6-7

涂装部位	涂层	工艺要求	涂装道数	（干膜）厚度（μm）
主缆吊索	表面处理	除去表面油污、杂质	1	
	面涂层	脂肪族丙烯酸聚氨酯面漆	2	80
	面漆	（型号15553）锌表面专用漆40μm	1	40

长吊索锚口处设置连接筒，连接筒内灌聚氨酯密封料，筒口设置橡胶套防水，后在现场对下锚杯连接筒口加热挤压制成锥形PE套将筒口盖住，以防止橡胶老化失效而失去阻水功能；短吊索锚口处设置用氯丁橡胶浇制的缓冲器，以改善锚口的弯折疲劳影响。

2）吊索密封防渗水处理

由于索体与锚固护筒之间存在着较小的间隙、PE护套存在着局部损伤，加之吊索承受的动载导致雨水进入索体，针对以上情况，建议进行吊索防渗水处理。具体可采用在吊索PE外覆一层HM106密封胶，同时在胶体外均匀缠绕玻璃布，玻璃布外再覆HM106密封胶，保证PE护套处于完全密封状态。另外，在吊索PE与锚固护筒间加装不锈钢防护罩防止雨水渗入。

3）吊索的检查与维护

（1）吊索的外观检查。

①定期对吊索锚头、叉耳、销子等进行目视检查。如发现油漆有损坏的地方，需及时进行修补；有锈蚀的地方，应在除锈之后补漆。

②通过滴水孔定期(4月、10月)检查吊索下锚头是否积水。

③吊索系统防腐涂层检查。吊索涂层的检查内容与主缆基本一致。检查吊索PE套、HM106密封胶层的完好情况，如发现有破损、开裂等现象，应及时进行修补。检查PE套的滑移情况，并做好详细记录，一旦发现PE套有从锚杯中拉出的现象，应及时采取临时防护措施，并尽快进行修补。

④目视检查叉耳与箱梁吊耳板、叉耳与索夹耳板之间填封料的完好情况，特别是叉耳与锚杯螺纹连接处的填封料是否完好。如发现破损、剥落、开裂等现象，应及时用合适的材料进行修补，以防止渗水引起锈蚀。

⑤检查吊索的振动情况(可通过加速度仪监测)。检查减振架有无锈蚀，如有，则应在去除锈蚀后重新涂装。如发现减振架出现疲劳断裂，应及时更换。

⑥对于骑跨式吊索与索夹接触部位，检查吊索断丝情况。

（2）吊索内力。

应定期测试吊索内力变化情况。吊索内力测定方式有两种：

①利用结构健康监测系统进行实时监测，在部分吊索索体中间部位安装加速度传感器，通过采集的振动频率，通过相应公式计算吊索索力。

②对全部吊索(钢丝绳吊索除外)使用环境随机振动测量方法进行定期检查,由自振频率计算吊索内力。

振动测量方法参见竣工荷载试验报告,虽然振动频率方法可以进行全面检查,但费工费时,不能随时随地进行,一般在做全面检查或出现异常情况时进行。

(3)吊索索力的调整。

①测量后,若发现吊索索力与桥梁通车时的索力数据(或与前次的数据)相差较大,则应仔细探明原因,并采取相应的措施。

②对是否需要调整吊索索力,应持谨慎态度。因使用不同的测量方法检测吊索索力,可能有5%的差别,再加上施工安装吊索时的索力误差,所以不同时间用不同方法的测试结果差别在10%以内当属正常。即使个别吊索索力差值较大(如30%),若主缆及加劲梁线形良好,仍可不调整吊索索力。

③吊索索力调整需谨慎,应及时组织专家鉴定处理,检查原因,制定处理方案。

(4)吊索内力变化的限值。

吊索内力变化将影响主缆线形和加劲梁内力,因此,吊索内力变化除考虑本身安全外,还要考虑对主缆和加劲梁的影响,一般限制在±10%范围内变化。吊索内力变化应扣除温度改变的影响。

(5)吊索减振架。

为减少风振,长度超过20m的长吊索设有减振架,应防止吊索减振架螺栓松动和损坏吊索护套,因此需定期检查。检查减振器是否倾斜(即一端索夹的螺栓松动),以及有无损伤,若发现软铅衬套脱落或螺栓松动导致减振器倾斜,必须及时恢复。

(6)吊索振动。

吊索的振动主要是由于横向风力引起的振动,当风的频率接近于吊索的自振频率时即产生较明显的共振。

吊索振动频率虽然很高,但振幅一般不大,钢丝的应力幅较小,一般不会导致疲劳破坏,但频率较高的振动将对使用者造成不良的心理影响,过度的振动还将损坏吊索护套,特别是在减振架附近。为此,当振动产生上述影响时,应考虑加装阻尼器,进行制振。

(7)振动检查方法。

振动可用肉眼观测,亦可使用加速度仪测定振幅和频率,振动检查还应检查振动产生的不良效果,以确定是否需要采取制振措施。

4)*索夹的检查与维护*

全桥索夹分为有吊索索夹和无吊索索夹两种,索夹为ZG20SIMn低合金钢铸件。吊索与索夹采用骑跨式连接,每个吊索索夹设两道承索槽。索夹均采用左右对合的结构形式,两半索夹之间的密封带采用乙丙橡胶。索夹紧固件采用合金钢制造。

索夹模型图如图6-16所示。

索夹依靠螺栓夹紧于主缆,如果螺栓的紧固力降低,在吊索沿主缆方向的分力作用下,可能出现滑移。

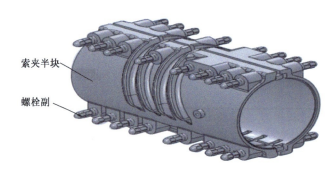

图 6-16 索夹模型图

（1）索夹高强度螺杆预紧力。

索夹螺杆的预紧力应保证索夹在主缆表面所产生的摩阻力对抵抗吊索索力沿主缆方向的分力所产生的滑移有一定的安全系数，规范规定此抗滑安全系数不小于3.0，同时保证螺杆在预紧力作用下应有2倍的安全系数。

索夹螺杆紧固施工步骤为：①安装塔顶卷扬机和钢丝绳。②在每跨主缆距离桥面最低处拼装检测小车，并连接牵引钢丝绳。③牵引钢丝绳至需要补张螺栓的索夹位置，利用拉伸器张拉螺栓紧固。

采用的张拉设备为液压螺栓拉拔器，由于索夹的螺栓数量较多且索夹刚度较大，为避免单个螺杆逐个张拉导致的索夹受力不均，索夹螺杆轴力紧固时用多台拉拔器设备同时安装工作，并选择合适型号的液压泵站作为动力单元。液压螺栓拉伸器采用液压控制，通过油压表控制螺栓紧固力。龙江特大桥索夹螺杆为M39构件，设计安装夹紧力为490kN。螺杆单行布置，最大单行数量11个，须实现同时张拉同时紧固，避免连接螺栓相互之间的影响而受力不均。

（2）索夹滑移的危害。

索夹滑移会造成吊索和加劲梁内力重分布，使滑移索夹的吊索拉力减少，相邻吊索拉力增大，加劲梁弯矩增加，严重时还会造成全桥线形变化引起受力改变。

索夹滑移还将损坏主缆防护构造，刮伤主缆钢丝，并导致缠丝鼓包甚至断裂，使原索夹范围内没有缠丝的主缆部分暴露在大气中，从而引起主缆钢丝锈蚀。

（3）索夹滑移的限值。

索夹原则上是不允许滑移的，只要严格控制和保持索夹螺杆拉力，使其不过分松弛，索夹滑移的可能性不大。索夹滑移的限值控制在10mm内，否则应复位。

（4）索夹高强度螺杆内力变化限制。

①索夹高强度螺杆轴力变化的原因。

索夹是靠高强度螺杆将其紧箍在主缆上的。高强度螺杆的预张拉力随着时间的推移将会有损失，其原因主要有：螺杆的松弛；长期使用后主缆直径变小，使得螺杆的预拉变形减小；螺杆螺母的松动。

②索夹滑移的预防和恢复。

为避免索夹在主缆上滑移，应定期检测高强度螺杆的紧固力。考虑到螺杆材料失效松弛、主缆受力变细及主缆内钢丝间孔隙变小等原因,在桥梁的运营期螺杆内预紧力会变小,并使高强度拉杆的预拉力达到并保持设计值。

当发生索夹移位,应按照以下步骤予以恢复:首先中断交通,在桥面设置临时吊索,确保待修复索夹所在梁段与相邻梁段间牢固连接;拆除索夹连接螺栓,将索夹恢复至原位,重新拧紧连接索夹的高强度螺栓;拆除临时吊索。

(5)索夹的检查。

①检查索夹和索夹螺杆的外涂装,如发现有油漆开裂、剥落等现象,应清除干净后重新涂装。如有锈蚀发生,应在除锈后再进行油漆修补。

②目视检查上、下半索夹之间缝隙的 HM106 密封胶及索夹端部的填封料是否完好,如发现开裂、剥落等现象,应将受损的填封料清除干净,并重新填封。

③定期(2.5 年,每年抽检 40%)检查索夹螺杆的紧固力,如紧固力无法满足要求,则应及时施拧加以补拉。

5)吊索系统的更换

(1)吊索系统损坏的主要原因及其养护。

吊索系统包括吊索索股、吊索护套、吊索锚头、减振架、缓冲器、索夹、螺杆、螺帽等部件。

引起吊索系统损坏的最主要原因是锈蚀。吊索护套、表面涂装或缝隙填料损坏将导致雨水或潮气入侵使金属发生锈蚀,因此吊索系统养护主要是检查吊索护套、表面涂装以及缝隙填料是否损坏,如有损坏须及时加以修复。

(2)吊索设计使用寿命和提前损坏。

龙江特大桥吊索的设计使用寿命为 25 年,使用寿命在很大程度上取决于养护情况,养护得当可以延长使用寿命。

(3)吊索更换。

如果出现吊索索股严重锈蚀甚至断丝,则应更换吊索,吊索更换应在限载限速下逐根进行。新索股的材料性能应符合设计要求,长度满足精度要求,更换时应同时更换锚头销套。

①若吊索有明显摆动、倾斜或检查发现其受力变化,应查明原因。若吊索锚头出现松动,应予更换。吊索复位后应进行索力检测。

②清查吊索已锈蚀的钢丝数及其锈蚀程度。当锈蚀根数和受锈蚀的程度等级叠加后相当的断丝根数超过总丝数的 10% 时,应更换此索。

③当吊索的冷铸锚头发生裂纹和破损时,也应该更换此索。

④更换吊索宜逐根进行。即使有时需要同时更换,每次也不得超过 3 根,且这 3 根吊索不能彼此相邻。

⑤吊索更换需谨慎,应及时组织专家鉴定处理,检查原因,制定处理方案。

(4)索夹更换。

当发生索夹严重腐蚀、夹壁或耳板开裂时则应更换索夹。索夹更换应在限载限速下逐只进行。

新索夹的材料性能应满足设计要求,安装螺杆夹紧力以及安装精度应符合设计和技术规范规定。

(5)索夹高强度螺杆的更换。

当发现螺杆腐蚀、断裂、螺牙、螺母或垫圈损坏时,应更换螺杆或螺母、垫圈。螺杆或螺母、垫圈更换应逐只进行,对于少于6只(含6只)螺杆索夹的螺杆以及处于索夹端头的螺杆更换时,为避免索夹壁出现不利的应力状况,应在索夹靠近被换螺杆一端的端部加装临时索夹,并将附近螺杆适当卸载后方可拆除被换螺杆。

是否应将附近螺杆轮流适当卸载应通过计算确定,以确保索夹和附近螺杆受力安全。

对新装螺杆进行张拉,预紧力不小于设计值,且与同一索夹其他螺杆保持均匀受力,新装螺杆紧固后,应检查同只索夹的其他螺杆拉力情况,必要时应予反复轮番调整。

6)吊索上下锚头、索夹外表面的维护

发现涂膜起泡、开裂、脱起、粉化或生锈,按下列方法进行维修:

(1)刮除所有损坏涂膜,直至完好涂膜边缘。

(2)如有锈蚀,用铁砂纸或电动打磨器除去表面锈迹,直至St3级,用溶剂清洗表面,保持表面干燥、清洁。

(3)使用环氧酯底漆刷涂第一道,干膜厚度为50μm,20℃以上气温干燥24h后,可开始刷涂第二道。

(4)依据涂装体系,共刷涂4道涂层,干膜厚度保持185μm。

7)吊索锚头及周围锚固区

(1)逐个检查吊索锚头及周围锚固区。检查锚具是否渗水、锈蚀,有无锈水流出的痕迹,锚固区是否开裂,必要时可以打开锚具后盖抽查锚杯内是否积水、潮湿,防锈油是否结块、乳化失效,锚杯是否锈蚀;锚头是否锈蚀、开裂、墩头或夹片是否异常,锚头螺母位置有无异常,叉耳销轴有无异响。

(2)吊索连接件裂纹。连接件裂纹检查首先应查看连接件截面突变处,包括退刀槽、螺纹根部、索夹螺杆连接部分与圆环过渡处、索夹圆弧部分顶点、眼板垂直受力方向的孔边缘等处。当出现裂缝时,以上部位油漆首先受到拉伸或挤压而呈变形痕迹,或有锈迹,以刮刀刮油漆漆膜会分成两段。如发现疑似开裂处应采用无损检测手段如磁粉、超声仪进一步检测确认。

6.6.3 主缆检修道扶手绳

主缆检修道设在主缆顶面供检修人员和主缆检修车通行。在主缆两侧设由钢丝绳制成的扶手绳,钢丝绳上端锚固于塔顶支架,支架通过鞍槽拉杆固定于主索鞍槽壁上。该走道还可以对索夹及吊索上锚点进行检查,同时,也可以直达塔顶对主缆入鞍部分、鞍座部件进行检查。

检修道扶手绳的检查:检查通道在塔顶和锚固处的连接,如有松动则重新紧固,松弛的扶手索重新拉紧。检查钢丝绳有无锈蚀、擦伤、断裂。检查扶手索的钢丝绳卡头有无松动,并予以紧固。检查扶手索的撑杆及立柱有无弯曲扭转,并予以校正。走道扶手绳涂装维护与吊索要求一致。

6.6.4 主索鞍、散索鞍

主索鞍鞍体采用铸焊结合的混合结构,鞍槽用铸钢铸造,底座由钢板焊成。鞍体下设不锈钢板-聚四氟乙烯板滑动副,以适应施工中的相对移动。塔顶设有格栅底座,为减轻吊装运输重量,将鞍体分成两半,吊至塔顶后,用高强度螺栓拼接。半鞍体吊装重量约为35t。

散索鞍鞍体采用铸焊结合的混合结构,鞍槽用铸钢铸造,鞍体由钢板焊成,鞍体摆轴座为锻钢件。吊装重量约为77t。索鞍模型图如图6-17所示。

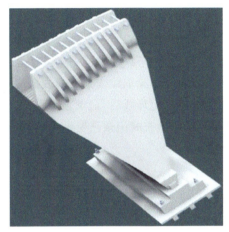

图6-17 索鞍模型图

检查主索鞍、散索鞍上座板与下座板有无相对位移、卡死、辊轴歪斜;鞍座螺杆、锚栓有无松动现象;鞍座内密封状况是否良好,除湿设备运行是否正常,温湿度是否符合要求;索鞍有无锈蚀、裂缝,索鞍涂装有无粉化、裂缝、起泡、脱落。

塔顶主鞍座为全铸型结构。鞍体与主缆索夹采用螺杆连接,下设不锈钢板-聚四氟乙烯板。索鞍示意图如图6-18所示。

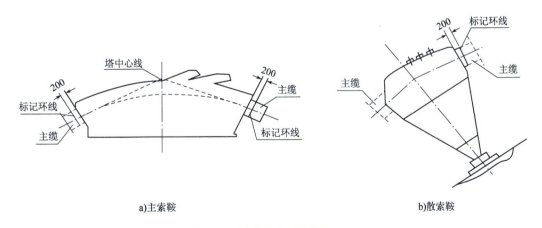

a) 主索鞍　　　　　　　　　　b) 散索鞍

图6-18 索鞍示意图(尺寸单位:mm)

1)检查的主要内容

(1)检查塔顶主鞍座,并清扫,防止尘土杂物和蓄水致锈。

(2)检查主鞍座上夹紧主缆的螺杆、螺母有无松动,并予以紧固。

(3)检查紧固鞍座的螺栓有无松动,并予以紧固。

(4)检查散索鞍工作是否正常、结构表面有无异常,夹紧主缆的螺杆、螺母有无松动,并予以紧固。

2)相对滑移的检查方法

大桥正式交付运营前,在检查部位做出标记环线。

标记环线应垂直于该处主缆的中心线,标记线宽50mm,并沿主缆外层钢丝做成整环。全桥各处的标记环线应在同一天的2:00—5:00内一次做出。标记线可用醇酸调和漆绘制,颜色为大红色。涂漆前绘线处主缆表面应用稀料清洁干净。

绘出标记环线后,记录主缆横截面典型位置处标记环线内侧至测量面的原始距离(L_a、L_b、L_c)。经常检查时记录已发生位移的钢丝位置及相对位移量(表6-8)。

主缆与鞍座的相对滑移检查记录表(单位:mm)　　表6-8

检查时间:　年　月　日　　　　　　温度:　℃　　　　　　天气:

序号	检查位置		原始位置数值 L_0		检查数值 L		滑移情况($L-L_0$)		滑移平均值	
			东	西	东	西	东	西	东	西
1	保山岸散索鞍边跨	A								
		B								
		C								
2	保山岸主鞍边跨	A								
		B								
		C								
3	保山岸主鞍中跨	A								
		B								
		C								
4	腾冲岸散索鞍边跨	A								
		B								
		C								
5	腾冲岸主鞍边跨	A								
		B								
		C								
6	腾冲岸主鞍中跨	A								
		B								
		C								

检查人:　　　　　　　　　　　　　　　　　　　　　　　　　记录人:

3)鞍座螺杆、锚栓紧固状况的检查

(1)检查部位。

主鞍A:鞍槽口拉杆(M64×4);B:中、边跨鞍体对合螺栓(M30);C:背索锚梁固定螺栓(M30);D:挡块固定螺栓(M30);E:限位长拉杆螺栓(M64×4)。

散索鞍A:鞍槽口拉杆(M64×4);B:压梁固定螺栓(M30);C:地脚螺栓(M64)。

(2)检查方法。

①用扭矩扳手或张拉千斤顶检查。

②以上各处检查部位每2.5年检查一次并做记录。

4)鞍室内密封状况检查

(1)检查部位:主鞍罩内,锚碇锚室内。

(2)检查方法:测定相对湿度,受检部位内的相对湿度应不大于40%,否则应调整相应部位除湿系统的设定值。

6.6.5 支座、阻尼器检查

全桥设置2对竖向支座、2对横向抗风支座及8套纵向阻尼器。竖向支座、抗风支座及阻尼器沿桥轴线方向分别设置于保山岸索塔下横梁及腾冲岸索塔承台上。

1)支座主要检查

(1)功能是否完好,组件是否完整、清洁,有无断裂、错位和脱空现象;有无脱漆、锈蚀。

(2)支承垫石有无裂缝,是否开裂、破碎;活动支座是否灵活,实际位移量是否正常,固定支座的锚销是否完好。

(3)支座的固定螺栓是否剪断,螺母是否松动,钢盆外露部分是否锈蚀,防尘罩是否完好;支座环境湿度大,钢盆防锈涂层质量差,伸缩缝漏水会造成支座周围积水,钢盆长时间处于潮湿等恶劣环境中,导致钢件发生锈蚀;竖向力作用下,支座内橡胶板变形受到盆环约束,使盆环和盆底之间焊缝开裂;安装不合理,使得在温度作用或车辆冲击作用下,桥梁支座承受较大水平力,致使螺栓剪断。

(4)钢支座是否干涩、锈蚀,固定支座的锚栓是否紧固,销板或销钉是否完好。

(5)橡胶支座是否老化、开裂,有无异常的剪切变形或压缩变形,各夹层钢板之间的橡胶层外凸是否均匀,有无钢板外露现象。

(6)四氟滑板支座是否脏污、老化,四氟乙烯板是否完好,橡胶块是否滑出钢板。超强聚四氟乙烯复合板在抗风支座使用寿命中会发生磨损,磨损程度用测量超强聚四氟乙烯复合板突出高度h来表示。在支座使用初期,由于超强聚四氟乙烯复合板蠕变变形,h的值会有较明显的变化,这属正常现象,随着使用年限的增加,h会逐渐减小,根据国外养护维修经验并结合设计特点,制定如下测定原则:当$h>12mm$时,支座只需正常检查;当$0.7mm<h<1.2mm$时,应增加对支座的检查次数;当$0.4m<h<0.7mm$时,再增加对支座检查的次数;当$h<0.4m$时,应请专家评定或更换。

2）支座的更换

支座破损后的拆除、采购及安装作业。支座作业技术要求以设计、厂家及规范要求为准。

（1）支座更换控制措施。

由于桥梁顶升时必将会引起桥梁结构的变化，因此在起梁时必须采取严格的控制措施，并由系统自动实施位移监控。为更好地保障顶升过程中梁体的安全，在每一个顶升点安装百分表进行人工监控，对每一点进行双重控制，将误差控制在最小范围。

监控是保证梁体安全受力所必需的，主要是记录起梁前及顶升过程中千斤顶的顶升情况，并在顶升过程中观察梁跨情况，如果有异常，则必须马上中止顶梁，找原因，确定解决办法，方可重新进行顶梁。

（2）其他控制措施。

根据桥梁实际情况进行顶升力测算，满足顶升承重力达到原受力1.5倍以上安全系数。在顶升前认真检查顶升系统各部件是否正常，超高压千斤顶保证油路良好，各并联千斤顶超高压均匀，工作状态正常。起梁时对梁顶起时的位移和千斤顶的起顶力进行双控，保证起梁能达到设计位置。在加载时，分级进行，以便各千斤顶之间的力均衡增加，达到同步顶升，并同时加强对梁体的观测。加载时要注意持荷时间尽可能缩短。起梁时，进行应力监控，如果超过了规范和设计允许值，则必须停止起梁，查找原因，找到解决办法后，再进行起梁安装支座。顶升过程中，桥上始终用水准仪检测高程，顶升高度到位后，立即利用千斤顶机械自锁装置锁定千斤顶行程。

支座更换时，同一桥墩上对称布置的支座宜采用相同类型。由于抗压承载力不足引起的支座破坏，应通过评估选择适宜的支座型号。更换支座或零部件时，宜采用同步顶升工艺进行顶升作业，顶升过程中应进行顶升力和顶升量的双控作业，并满足设计要求。更换的支座滑板应选用性能优质、稳定可靠的材料，满足支座滑板磨耗试验标准的相关要求。支座上下部临近构造出现裂纹、开裂、破损、变形时应分析原因，采取针对性加固补强措施。

3）阻尼器检查

阻尼器工作原理如图6-19所示。

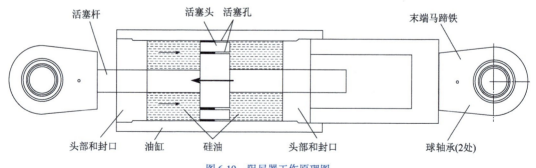

图6-19 阻尼器工作原理图

黏滞阻尼器（型号67DP-18735-01）是一种用于安装在发生相对位移的桥梁构件之间，在缓慢施加的静态荷载，如温度、汽车荷载等作用下可自由变形，在快速作用的动态荷载，如汽车振动、地震、脉动风等作用下，产生阻尼力并耗散能量的振动控制装置。阻尼器出厂前，须经过严格的调试和动力测试，给出滞回、时程曲线。

阻尼力 F 与速度的函数关系 $F=CV\alpha$，阻尼器最大阻尼力为2850kN；非线性指数 $\alpha=0.3$；阻尼力系数 $C=3000kN(s/m)$；额定最大行程 ±1000mm；最大转角：竖直平面内 ±5°，水平平面内 ±2°。

周期检查：泰勒装置的液体黏滞阻尼器设计为在阻尼器寿命内完全免维护。若需要周期检查，建议按如下步骤操作：

（1）检查间隔大约2年，或任何大地震之后，并记录阻尼器状况（例如干净、有灰等）。

（2）检查阻尼器（环境）有无外物进入其间限制阻尼器正常运营。

（3）肉眼检查阻尼器装置。①观察阻尼器液体防泄漏装置的牢固性和耐久性，观察阻尼器外部。②作用于阻尼器附着轴承末端的可辨别松动。③阻尼器有无异常发热、漏油。

（4）阻尼器外观是否完好、清洁，周围有无杂物堆积。涂装有无粉化、起泡、脱落、裂缝。钢结构有无锈蚀、裂缝。

（5）与主塔、墩及加劲梁连接、紧固件有无锈蚀、松动、缺失。

（6）阻尼器转动销轴是否灵活、有无卡死的状况（是否存在转动及转动是否在设计范围内），阻尼器的行程是否在设计范围内。

6.6.6 主桥伸缩缝

主桥用伸缩缝属于特大型伸缩缝，伸缩量达到1920mm，且桥梁抗震按9度设防。

1）结构特点

主桥伸缩缝如图6-20所示。

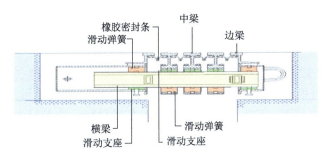

图6-20 主桥伸缩缝

非对称弹性控制系统：采用弹性单元作为伸缩缝主要变形单元，可帮助伸缩缝实现三向变形位移，结合龙江特大桥项目实际情况，通过计算在伸缩缝工字梁底面非对称布置弹性单元，从而实现龙江特大桥伸缩缝变形要求（纵向伸缩量1920mm、立面转角 ±0.02rad、平面转角 ±0.01rad），同时非对称的设计消除了累计摩擦，最大限度地保障了相等的缝宽，且保护伸缩缝不受约束力的损坏，即使出现单缝因杂物落入卡死的情况，也不影响其余缝正常工作。

缝宽控制系统：为确保单缝宽度不超过设计值，且各缝间伸缩量分布均匀，在工字梁底面设计了缝宽限位带。该限位带分为两种，橘红色限位带在正常使用工况下发挥作用，保障单缝宽度不大于80mm；当遭遇地震等极限工况时，橘红色限位带会发生断裂破坏，蓝色限位带开始发挥作用，确保缝宽不大于105mm（图6-21）。

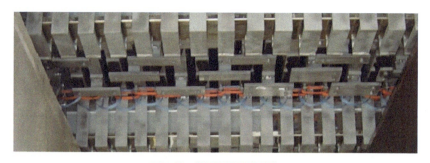

图 6-21 伸缩缝限位带布设

抗震保护系统：该系统主要功能是保证在地震等特殊工况下，伸缩缝出现异常闭口行为时(伸缩缝压缩至极限状态)，确保伸缩缝不被挤压破坏。为达到该功能，在每条伸缩缝中设置了 2 个倒梯形的保险单位，保险单元与伸缩缝工钢间采用螺栓连接，通过计算来确定该螺栓强度，保证螺栓在正常使用状态下连接稳固、极限状态下断裂，断裂后保险单元在周边伸缩缝工字梁挤压下自动弹起，从而释放更多空间适应缝体挤压变形，起到保护伸缩缝的目的。

带自清洁功能的驼峰形密封橡胶带：杂物进入是导致伸缩缝破坏的重要因素，为保障伸缩缝正常使用，龙江特大桥伸缩缝采用了驼峰形密封橡胶带，杂物进入缝间后会落入驼峰形橡胶带上，随着缝体的伸缩被弹出，从而实现自动清洁的功能。

2）检查与维护

通常在气温较低时进行，以便能触及各部件，一些在低温状态下可能被遮挡或难以察觉的部位，定期检查时在较高的气温下进行。如需更换非金属件(包括密封条)，只需封闭部分交通，用简单的工具即可进行，所有的非金属材料是通过其形状或定位装置进行定位。金属件的更换可通过支承耳环的开口部分得以实现。

检查有无异常变形、破损、脱落、漏水、失效、错位，锚固区有无缺陷，有无明显的跳车与异响；钢构件及螺栓是否松动、锈蚀，焊缝开裂；止水带是否破损；型钢或梳形板之间有无杂物堵塞；锚固区混凝土有无损坏、开裂；梳齿与型钢有无断裂、缺失；横梁与支撑是否松动、异常变形，限位装置有无脱落与单侧偏压严重现象，不锈钢滑板有无损坏。

（1）主检部件检查。

①密封条：检查时，伸缩缝间隙粗略清扫一次，检查密封条的污染、老化、硫化对接、损坏，密封条与型钢的连接、密封性。

②滑动原件：检查滑动面的污染、磨损、表面损伤、松动、滑动自如、锈蚀。

③滑动支座和滑动弹簧：检查滑动支座和滑动弹簧的位置、损伤、裂缝、足够的预紧。

④防锈：行车道的防锈层自通车后短期内即被磨去，但不影响寿命，须检查伸缩缝的下表面、嵌密封条的凹槽部位的防锈层。

⑤承载结构：检查承载构件，特别是焊缝连接处有无裂缝，检查机械连接是否稳固。检查中间梁与承载梁的连接、型钢对接焊缝、控制机构、边梁的锚固、承载箱下的混凝土、承载梁是否可以移动。检查支撑系统水平支座与垂直支座位置是否正确，锚固螺栓有无拉脱、断裂。

(2)模数式伸缩缝所有的工作部件包括中间梁、滑动支承及滑动弹簧均可在不中断交通的条件下更换。

更换步骤如下：

①将中间梁在中间对接处切断（若伸缩缝为一整体连接起来的伸缩缝，即将两个半幅伸缩缝对接起来的整体伸缩缝）。

②拆除橡胶密封条。

③拆除滑动弹簧，先用门架将中梁向下压，压出空隙后将滑动弹簧取出。

④拆除滑动支承，先用门架将中梁向上拉，拉出空隙后将滑动支承取出。

⑤拆除中间梁。

6.6.7 桥梁墩台、基础的检查与维护

1）桥梁墩台、基础的检查

墩身、台身及基础变位情况。混凝土墩身、台身、盖梁、台帽及系梁有无开裂、蜂窝、麻面、剥落、露筋、空洞、孔洞、钢筋锈蚀等。墩台顶面是否清洁，有无杂物堆积，伸缩缝处是否漏水。圬工砌体墩身、台身有无砌块破损、剥落、松动、变形、灰缝脱落，砌体泄水孔是否堵塞。桥台翼墙、侧墙、耳墙有无破损、裂缝、位移、鼓肚、砌体松动。台背填土有无沉降或挤压隆起，排水是否畅通。基础是否发生冲刷或淘空现象，地基有无侵蚀。水位涨落、干湿交替变化处基础有无冲刷磨损、颈缩、露筋，有无开裂，是否受到腐蚀。锥坡、护坡有无缺陷、冲刷。

2）桥梁墩台、基础的维修与加固

（1）维修：①混凝土表面发生锈蚀、剥落、蜂窝、麻面、露筋等病害时，应及时将周围凿毛、洗净，采用同等材料或高性能材料进行修补。②当墩台出现不影响墩台安全的裂缝，若裂缝宽度小，已趋稳定，未上下贯通或左右对称，过车时无明显张合现象，经分析不影响墩台安全时，可用环氧树脂砂浆或压注浆液进行处置；对继续发展且裂缝较宽、上下贯通或左右对称、过车时有张合现象的受力裂缝，应找出裂缝发生的原因，采取有效的加固措施；对急剧发展、张合严重、缝口错牙、影响承载力且危及行车安全的裂缝，应立即采取临时措施保障行车安全，再查明原因进行加固改造。③当墩台由于混凝土温度收缩、局部应力集中、施工质量不良等原因产生裂缝时，应视裂缝大小及损坏原因采取不同措施进行维修。当裂缝宽度小于规定限值时，可凿槽并采用喷浆封闭裂缝的方法。当裂缝宽度大于规定限值时，可采用压力灌浆法灌注水泥砂浆、环氧砂浆等灌浆材料修补方法。④混凝土结构桥墩表面设有防腐涂装的，应检查防腐涂装是否脱落、粉化、老化、失效等，如有失效，应重新涂装。⑤若发现桥墩表面出现渗水情况，应立即分析研究渗水原因并采取针对性措施。

（2）加固：①由于活动支座失灵而造成墩台拉裂，应修复或更换支座，并按上述方法修补裂缝。②墩台身发生纵向贯通裂缝时，可采用钢筋混凝土围带、粘贴钢板箍或加大墩台截面的方法进行加固。③因基础不均匀下沉引起墩、台自下而上的裂缝时，应先加固基础，再采用灌缝或加箍的方法进行加固。④墩台基础沉降或位移超过容许限值，应加强观察，继续发展时应采取扩大承台或补桩等措施予以加固。⑤基础冲刷超过设计值或基础防护出现破损时，或墩

台抗震设施损坏,墩台基础发生严重病害时,或桥墩倾斜超过设计允许值时,桥墩基础产生变位,应及时组织专家鉴定处理,检查原因,制定处理方案。

6.6.8 主桥钢箱梁检修车

主桥钢箱梁检修车主要由驱动机构、主桁架、电气系统等组成。

为了保证钢箱梁检修车的安全运行,应定期对检修车进行检查与保养,年度检修保养工作应委托具有资质的专业单位进行,并出具报告,内容应包含进行维护保养的时间、维护保养的内容和检查结果。需详细列出检查发现的各组成部件的损坏、不正常运行等情况以及损坏的照片,并提出检查车各组成部件相应的维修保养意见。

(1)检查各传动机构连接螺栓和各种部件的紧固螺栓是否紧固,是否锈蚀。
(2)各限位开关动作是否灵活、正常,安全保护开关动作是否灵活。
(3)各电气设备的接线是否正常,导电滑块与滑线的接触是否良好。
(4)各传动机构的转动是否正常,有无异常响动,是否需要加油。
(5)接触器、控制器触点的接触和腐蚀情况。
(6)检查车内部是否存在垃圾。
(7)电动机、减速器、轴承支座、角形轴承箱等底座螺栓的紧固情况及电机的运行情况。
(8)管口处导线绝缘层的磨损情况。
(9)各限位开关转轴的润滑情况。
(10)减速器内润滑油的油量。
(11)车轮啃导轨情况。
(12)所有电气设备的绝缘情况。
(13)金属结构变形及有无开焊、裂缝情况等。
(14)驱动轮运行是否同步。

6.6.9 其他设施的检查与维护

(1)检修通道的检查与维护。
①大桥结构复杂,构件繁多,为实现主要构件的递进检查,在桥梁上设置了多种检修通道。
主塔:主塔内侧设置爬梯或升降电梯,可从桥面处进入内部进行检查与维修;塔顶和上横梁处也设置有齐全的检修通道。
钢箱梁:钢箱梁两侧位置设置有进入内部的人孔,检查人员可从此处进入,完成对各梁段的检查与维修。钢箱梁内部各横隔板上有互通的人孔,各箱室相通;钢箱梁底部安装有轨道并设置了检修桁车,可从桥面两侧进入,完成对钢箱梁侧面和底面的检查与维修工作。
支座、阻尼器、伸缩缝:主桥的支座、阻尼器和伸缩缝处设有检修平台,可从桥面通道进入该处平台,对支座、阻尼器进行检查和维修。
锚碇:锚碇的锚室设有完备的爬梯通道,可实现对散索鞍、索股及锚固区的抵近检查。
②为保证检修通道的通畅性、安全性和耐久性,根据通道的位置,由桥管站和专业维护单位在进行结构巡查和定期检查时分别进行。主要检查内容如下:

主塔:爬梯有无锈蚀、机械损伤、杆件变形;电梯运行是否正常。对于专用设备(如电梯),应按专用设备相关要求进行检查。

钢箱梁:人孔有无涂层劣化、锈蚀和渗水;梁底检查车运行是否正常,杆件有无锈蚀、裂纹,轨道有无垃圾堵塞;桥面检修通道栏杆有无涂层脱落、锈蚀和变形。

支座、阻尼器、伸缩缝:检修平台有无涂层老化脱落、锈蚀和变形。

锚碇:爬梯有无涂层老化脱落、锈蚀和变形。

(2)调治构造物检查与维护。

检查桥位段墩柱附近有无明显冲刷及变迁状况;调治构造物是否完好、功能是否适用。

(3)避雷装置检查与维护。

每年至少定期检查1次,其中,在雷雨季节来临之前必须安排定期检查,具体检测要求应满足《高速公路设施防雷装置检测技术规范》(DB42/T 511—2008)的要求。避雷针接地线附近严禁堆放物品和修建任何设施,地线的覆土禁止开挖,并应防止冲刷避雷针和引线及地线。

①避雷针:在保山岸、腾冲岸主桥索塔顶上各设计安装ESE6000型避雷针2支,共计4支,单支避雷针保护半径约105m。桥面是利用路灯金属桅杆和防撞栏杆扶手钢管进行防直击雷保护。引下线与等电位连接:塔柱内用50×5mm镀锌扁钢从上至下敷设两根接地引下线,引下线敷设在塔柱中心线(横向)距塔壁外侧0.3m处,两根引下线之间每隔10m用50×5mm镀锌扁钢等电位焊接一次,并与塔柱内主筋、钢骨架进行焊接,引下线上端与主塔顶预埋避雷针底部垫板进行焊接,引下线下端与承台等电位焊接。

②承台接地系统:承台桩基等电位连接均采用50×5mm热镀锌扁钢,与桩基钢筋头进行焊接。所有桩基相互间必须进行等电位连接,通过桩基的钢筋接地。

(4)桥梁变形观测网检查与维护。

定检单位对桥梁永久观测点进行复核,对桥面高程及线形、变位等检测指标进行控制检测。

定检单位提交观测数据至保山管理处,保山管理处提供给健康监测服务单位对健康监测系统中的基准坐标系进行定期校准。

桥面线形测量:悬索桥桥面的线形是反映当前大桥内力状态的重要指标,是进行悬索桥内力状态识别的最重要的输入参数;同时,加劲梁挠度的变化也是反映行车舒适性和进行桥梁适用性评价的直接指标。

桥面线形测量是在通车的条件下进行测量,且该桥为悬索桥,桥面处于非禁止状态,桥面线形测量采用全站仪三角高程测量方法进行2次测量,取算术平均值作为本次主桥桥面线形检测结果,并与竣工验收桥面线形进行比较分析。

主桥桥面线形沿纵桥向设置上下游两条测线,测点按16等分点布设在吊索与加劲梁连接处(大里程侧),测点编号以"R(L)-N"表示,"R(N)"代表右侧或左侧,"N"代表测点序号,由小里程至大里程依次从1递增。主桥桥面线形测点布置如图6-22所示。

锚碇偏位测量:采用全站仪测量锚碇偏位,与2016年初始观测数据进行比较分析。保山岸锚碇偏位测点沿用交工验收时布设在锚碇平台上的变形监测点,腾冲岸坐标数据沿用2016年重新布设的永久性变形观测网测点。每个锚碇平台上布设有4个变形观测点,分2排布设,横向间隔5m,测点布置如图6-23所示。

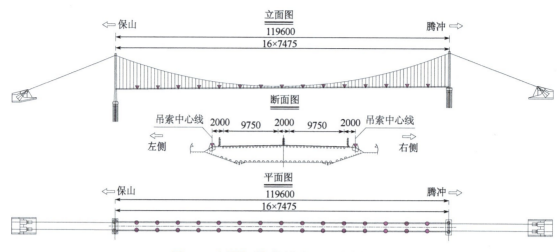

图6-22 主桥桥面线形测点布置(尺寸单位:cm)

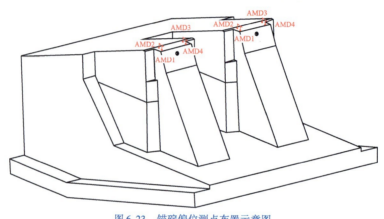

图6-23 锚碇偏位测点布置示意图

主缆线形测量:悬索桥主缆线形是反映当前大桥内力状态的重要指标,是进行悬索桥内力状态识别的最重要的输入参数,同时,根据《公路桥梁技术状况评定标准》(JTG/T H21—2011)第7.1条的规定,悬索桥在进行技术状况评定时,需针对主缆线形进行测定。

测量方法采用全球定位系统(GPS):主缆线形测点按主跨16等分、边跨8等分进行布设,测点编号以"L(R)-N"表示,"L"代表左侧主缆,"R"代表右侧主缆,"N"代表测点顺序号,按小里程至大里程方向,从1开始。主缆线形测点布置如图6-24所示。

索塔竖直度与塔顶偏位测量:采用全站仪进行索塔竖直度和塔顶偏位测量。在索塔横桥向和顺桥向分别取索塔上下部竖向几何中心点为观测点,取两段实测平距差和设计值进行对比分析。索塔塔顶偏位测点沿用竣工验收时布设在保山岸及腾冲岸索塔塔顶横梁处的两个固定棱镜进行观测,测量结果和近五年的变形监测数据进行对比分析。现场塔顶测点照片如图6-25所示。

(5)航空障碍灯检查与维护:在保山岸、腾冲岸主桥索塔顶上各设计安装航空障碍灯4盏,共计8盏。航空障碍灯电源线沿塔柱预埋管线敷设,从桥面引入。航空障碍灯支撑架采用不锈钢材料。

（6）供配电系统：所有供配电设施的定期检查应参考供配电的相关标准规范进行。

（7）桥上栏杆、护栏、标志、标线：功能是否异常，伸缩装置处混凝土护栏钢盖板有无变形、损坏、缺失等。

（8）防排水系统：是否完好顺畅，泄水管、引水槽有无明显缺陷，桥头排水沟功能是否完好。

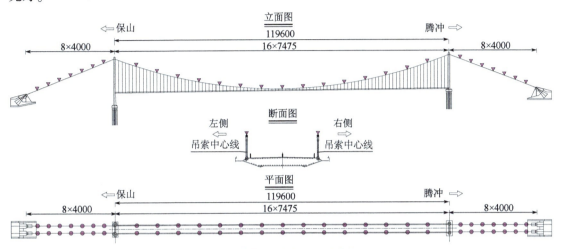

图 6-24　主缆线形测点布置（尺寸单位：cm）

图 6-25　现场塔顶测点布置

第 7 章

桥面铺装养护

7.1 钢桥面铺装技术概况

大跨径钢桥面铺装是一个世界性的技术难题,我国特殊的交通、气候等条件也导致钢桥面铺装问题尤其突出,钢桥面铺装早期损坏和维修严重影响了大跨径桥梁的交通功能。我国钢桥以钢箱梁结构居多,加之我国的高温多雨气候环境条件,钢桥面铺装解决难度较大,而且不能简单借鉴国外经验。目前国内应用广泛且使用效果比较好的铺装方案有两种:①浇注式沥青混合料+高弹 SMA;②双层环氧沥青混合料,下面对这两种方案做全面的对比,并对其特性进行分析。

龙江特大桥采用浇注式沥青混合料(GA)+高弹 SMA 铺装。

1)桥面铺装设计要求

龙江特大桥地处滇西地区,属北亚热带气候,光照丰富,雨量充沛,年温差小、日温差大,干、雨季分明,气候宜人,具有明显的高原山地季风气候特点。不利的气候条件和交通条件使龙江特大桥桥面铺装更具挑战性。龙江特大桥钢桥面采用薄层沥青铺装,由于桥面温度变化范围大(4~60℃),故要求桥面铺装与桥面板涂装系统具有良好的黏结力和相容性,在60℃高温条件下沥青不发生软化。

2)桥面铺装结构层

钢桥面铺装结构(图7-1):35mm 高弹改性沥青 SMA-10 + 改性乳化沥青黏层 + 35mm 浇注式沥青混凝土 GA-10 + 防水黏结层,沥青铺装层总厚度70mm。

铺装面层	高弹改性沥青SMA-10,厚度:35mm
	改性乳化沥青,用量:300~500g/m²
铺装下层	浇注式沥青混凝土GA-10,厚度:35mm;撒布5~10mm预拌碎石
防水黏结层	二阶段反应性黏结剂,用量:100~200g/m²
	甲基丙烯酸树脂防水膜(两层),总用量:2500~3500g/m²
	防腐底漆,用量:250~350g/m²
钢板	喷砂除锈,清洁度:Sa2.5级;粗糙度:50~100μm

图7-1 桥面铺装(浇注式沥青混合料+高弹 SMA)

3)桥面铺装技术特点

MMA(甲基丙烯酸树脂)防水体系:由防腐底漆、甲基丙烯酸树脂涂料、二阶反应性黏结剂构成,主要功能是防护钢材结构,并承接桥面的沥青混凝土结构层。该材料最大的特点是除了具有较好的防腐性、密水性和黏结效果之外,还具有优良的柔韧性,在正交异型钢桥面板上,能很好地适应其结构特性,在荷载反复作用下性能不衰变。经过工程应用验证,该类体系具有优异的防水性和耐久性,使用寿命甚至达 30 年而未破坏。甲基丙烯酸树脂(MMA)防水体系施工期间如遇下雨,无须对已经施工完毕的工作面做保护处理,更不需要进行二次施工,待雨停之后对工作面进行干燥处理即可继续施工。

浇注式沥青混凝土(GA-10):是一种悬浮式(骨架无嵌挤作用)结构的沥青混凝土,其混合料组成特点是矿粉含量高(20%~30%)、沥青含量高(7%~10%),拌和后具有良好的流动性,浇注式铺筑,冷却即成型(不需要碾压)。浇注式沥青混凝土基本无空隙,无须碾压,不会出现因压实不足而表现出的缺陷或病害;不透水、不吸水,因而对诸如冻融变化、防冻滑的除冰盐溶液及经常潮气作用的影响几乎不敏感;具有绝对不透水、整体性非常好及变形能力强的优点。浇注式沥青混凝土采用的专用运输设备(COOKER),自带搅拌、加热、保温功能,混合料可储存较长的时间性能不受影响,例如在雷阵雨过后很快即可恢复浇注式摊铺工作(降雨期间需对工作面作简单保护,雨后对工作面进行快速处理即可)。同时,由于浇注式沥青混凝土摊铺温度比较高(200℃),受水的影响非常小,因此该体系完全能适应南方这种湿热、多雨的气候环境。

高弹体改性沥青 SMA:主要是考虑到桥面铺装面层的综合性能要求较高,不仅要求具备良好的高温稳定性、抗滑性能、低温抗裂性、抗疲劳性能等,还要求空隙率小、水稳性好。因此,选用同时具备以上性能的 SMA-10 作为面层结构类型。为了改善 SMA 的抗裂性能和抗疲劳性能,胶结料采用高弹沥青。高弹改性沥青 SMA-10 施工工艺成熟、连续式摊铺速度快、施工效率高、对环境条件要求低,施工质量、周期比较容易控制。

7.2 钢桥面铺装的检查

1)桥面铺装破损分类

沥青桥面铺装破损类型、外观描述及分级指标见表 7-1。

沥青桥面铺装破损分类 表 7-1

破损类型		外观描述	分级指标
龟裂	轻	初期裂缝,裂区无变形、无散落,缝细	主要缝宽<2mm; 主要裂块 0.2~0.5m
	中	龟裂的发展期,龟裂状态明显,裂缝区有轻度散落或轻度变形	主要缝宽 2~5mm; 部分裂块<0.2m
	重	龟裂特征显著,裂块较小,裂缝区变形明显、散落严重	主要缝宽>5mm; 大部分裂块<0.2m
块状裂缝	轻	缝细、裂缝区无散落	缝宽<3mm; 大部分裂块>1.0m
	重	缝宽、裂缝区有散落	缝宽>3mm; 主要裂块 0.5~1.0m

续上表

破损类型		外观描述	分级指标
纵向裂缝	轻	缝细、裂缝壁无散落或有轻微散落，无支缝或有少量支缝	缝宽<3mm
	重	缝宽、裂缝壁有散落、有支缝	主要缝宽>3mm
横向裂缝	轻	缝细、裂缝壁无散落或有轻微散落	缝宽<3mm
	重	缝宽、裂缝贯通整个桥面、裂缝壁有散落并伴有少量支缝	主要缝宽>3mm
坑槽	轻	坑浅在上面层(5cm)内，且面积小	坑深<5cm，且坑槽面积<0.1m²
	重	坑深大于上面层(5cm)，或面积大	坑深>5cm，或坑槽面积>0.1m²
沉陷	轻	深度浅，正常行车无明显感觉	深度10~25mm
	重	深度深，正常行车有明显感觉	深度>25mm
车辙	轻	辙槽浅	深度10~15mm
	重	辙槽深	深度>15mm
波浪拥包	轻	波峰波谷高差小	高差10~25mm
	重	波峰波谷高差大	高差>25mm
泛油		桥面沥青被挤出或表面被沥青膜覆盖形成发亮的薄油层	—
修补		龟裂、坑槽、松散、沉陷、车辙等的修补面积或修补影响面积(裂缝修补按长度计算，影响宽度为0.2m)	—

2)桥面的检查

桥面铺装直接承受交通荷载，受气候、雨水等自然因素的影响而损坏，产生各种病害。桥面检查内容包含路面破损状况、路面平整度及路面抗滑能力等。

①检查桥面是否出现鼓包、脱层、开裂等。②检查桥面的平整度和抗滑能力。③检查桥面的强度。④检查层纵、横坡是否顺适，有无严重的龟裂、纵横裂缝，有无坑槽、拥包、车辙、拱起、剥落、错台、磨光、泛油、推移、脱皮、露骨、接缝料损坏、桥头跳车及桥面表观错位等现象。

检查时携带有关测定器具(照相机、卷尺、标识笔等)、安全器具(安全标志筒等)、常用工具(锤子、錾子、扫帚)等。

3)桥面铺装技术状况评定后的处治对策

符合现行《公路沥青路面养护技术规范》(JTG 5142)的相关规定，及时处治各类病害及异常情况。根据定期检测后经评定的桥面铺装技术指标，对大桥分别采取不同的养护措施，见表7-2。

桥面铺装技术指标与养护对策 表7-2

路面损坏状况指数(PCI)	路面行驶质量指数(RQI)	路面车辙深度指数(RDI)	路面抗滑性能指数(SRI)	养护类型
≥90	≥90	≥80	<80	预防养护
		<80	—	修复养护(车辙维修、裂缝处治、坑槽修补)

续上表

路面损坏状况指数(PCI)	路面行驶质量指数(RQI)	路面车辙深度指数(RDI)	路面抗滑性能指数(SRI)	养护类型
≥90	85~90	—	—	预防养护
	<85	—	—	修复养护（车辙维修、裂缝处治、坑槽修补）
85~90	≥85	—		预防养护
	<85	—		修复养护（磨耗层铣刨重铺）
<85	—	—	—	修复养护（铺装层铣刨重铺）

7.3 钢桥面铺装的养护历程

通车至今未发现病害，未开展桥面铺装养护工作。

7.4 钢桥面铺装的病害维修

1）旧桥面铺装的清除及桥面钢板表面处理

(1)根据病害状况分布情况确定维修范围：沥青混凝土发生网状裂缝、连续坑槽等病害，且原则上病害范围在 30m² 以下，应对病害进行小范围挖补维修。如病害范围在 30m² 以上，原则上应根据病害范围用铣刨机进行铣刨处理后进行大范围维修。

(2)旧桥面铺装的清除。

①小范围维修。先根据病害范围，向外扩展 1~2cm，按矩形先用切割机切出维修轮廓后用风镐进行破碎处理，再用内子人工凿除干净。风镐破碎深度不宜超过 3.5cm，錾子表面应无螺纹，以避免损伤钢板。

②大范围维修。根据病害范围先用铣刨机进行铣刨处理，铣刨深度应不超过 3.5cm，以避免铣伤钢板，然后用风镐进行破碎处理，再用錾子人工凿除干净。如下层铺装基本无破碎且与钢板黏结良好难以清除，可视具体情况局部保留下层铺装。

③桥面钢板表面处理。钢桥面板应采用真空无尘打砂的除锈方法，要求喷砂除锈后钢板表面的光洁度达到 Sa2.5 级，粗糙度达到 40~80μm。喷砂前，应首先检查钢桥面板的外观，确保表面无焊瘤、飞溅物、针孔、飞边和毛刺等，否则必须通过打磨加以清除，锋利的边角必须处理成半径 2mm 以上的圆角。喷砂结束后采用环氧富锌漆做防腐层，厚度达到 60~80μm。桥面钢板如有损伤，应采取补焊等措施进行修复。

2）沥青铺装病害维修

沥青铺装维护方法见表 7-3。

沥青铺装维护方法 表7-3

缺陷	维护方法
表面油污	如果仅在表面,并且没有造成安全隐患,没有严重损害桥面美观,或没有对桥面造成实质性的损坏则不予处理,否则用性质温和的清洗剂刷洗,以清洁桥面。 如果污迹已渗入沥青混凝土中,则加热并除去受污的材料,检查以确定是否所有的受污料已被清除以及防水黏结层是否受到了损坏,如果没损坏则修复沥青面层,如果防水黏结层受到损坏,则应重新修复整个沥青铺装结构。 由于大跨径钢桥桥面铺装的特殊作用,对其铺装层所出现的病害必须及时快速处理。所选择的材料必须具备高强、耐久、固化快以及施工操作简便等特性,以尽量减小因维修操作而对交通造成的影响
表面凹痕	检查压痕是否已经导致渗水,如果是,则参阅裂缝修复,否则参照以下建议: 如果凹痕细小,则应先除去碎石,然后加热沥青砂胶并将凹痕周围的沥青推挤到凹痕处使它与周围水平,最后进行表面处治; 如果凹陷面积很大或表面很不平整,则应稍稍加热沥青砂胶,然后除去沥青碎石,将隆起的材料压挤下或除去多出的材料,加入新的沥青材料使其平整,完成表面处治
局部坑洼	如果是由于有机溶剂、车辆行驶过程中泄漏的油等造成的坑洞,则把这些区域连同油污一起清除掉,对坑洞及附近整个沥青系统进行清除并修复。 ①冷料冷补。用于应急性修补,通常先要开槽成型,将待补坑槽松散物、灰尘或淤泥清除,倒入冷补料,后用夯锤或振动式路碾机压实,深度在6cm以上的坑槽采用分层投料夯实。热料热补,采用100%高强度辐射热加热墙,先将沥青路面加热、耙松,喷洒乳化沥青,使沥青料再生,再加入热的新料。 ②采用单层修补。经同时采用冷补与热补法对比,使用情况显示,热补法使用状况优于冷补法,应尽量采用热补法。配料,按设计配合比配料。施工前3~5h加热主剂、固化剂,根据不同材料按规定温度控制。小型拌和机加热粗集料,分别加入矿粉、基质沥青,根据不同材料按规定温度控制。将混合好的主剂、固化剂加入搅拌机,根据不同材料按规定温度控制,拌和均匀后出料。人工单层摊铺,用小型压路机压实。接缝处用橡胶沥青类材料密封。待沥青混凝土达到要求强度后,方可开放交通
鼓泡	如果出现多个鼓泡,或在短期内鼓泡问题连续出现在同一个路段,则说明该沥青铺装体系很可能存在问题,应该打开鼓泡进行检查,如果检查出病害,则该对路段的沥青铺装层进行处治。 如果鼓泡的密集程度较小且范围小,可只对鼓泡处理而不触及沥青铺装结构,其具体做法为:首先在沥青面层上钻孔来排放鼓泡内的气体,吸出钻孔内的灰尘,用注射器将密封胶灌入鼓泡底部,并用红外线加热器对沥青砂胶徐徐加热使其软化,再用锤子和铁垫块夯实以完成表面处治
裂缝	对裂缝做到"即裂即填""即裂即补",及时填补、灌浆。 微裂缝:建议采用灌缝措施。具体做法:首先采用性质温和的清洗剂对微裂缝进行清洗,确保裂缝部位清洁、干净,然后根据需要灌注聚合物黏结剂或填充缝隙的密封胶。免开槽直接灌缝作业流程:清除缝内的杂物及尘土,用压缩空气吹净。使用液化气喷灯对裂缝进行烘干,保证裂缝内干燥。将加热到要求温度的灌缝胶灌入缝内,控制灌封胶的灌注量,春季与路面平齐或较路面略低,秋冬季高于路面2~3mm。 细小裂缝:此类裂缝是由于表面的凹痕或撕裂造成,水暂时还没进入铺装层内部。具体的处治方法:对于宽度在1~2mm之间的裂缝,可用注入环氧树脂胶的方法处理;对于宽度在2mm以上的裂缝,宜用注入环氧沥青黏结料的办法处理

续上表

缺陷	维护方法
裂缝	开槽灌缝作业流程：沿裂缝位置对裂缝进行开槽处理，开槽宽度至少为1.2cm，开槽深度范围是1.2~2.5cm,深宽比最好控制在2∶1以内。除去已松动的边缘部分，利用钢丝刷对剥落部分进行处理。清除缝内的杂物及尘土，用高压空气或者热空气吹扫。使用液化气喷枪对裂缝进行烘干，保证裂缝内干燥。将加热到要求温度的灌缝胶灌入槽内，并要求将所开的灌缝槽灌满填实。为了能提前对施工路段开放交通，减小因施工作业产生的交通压力，在灌缝胶上撒上少量的沙子或细集料，防止粘轮，以提前开放交通
表面碎石脱落	由于车辆在桥面上急转弯或重物的重压等原因往往引起表面沥青碎石脱落，如果没有引发其他的缺陷，则清理已脱落的碎石和压碎的石子，如果引发其他缺陷，则参阅相应的修补建议
接缝开裂	如果接缝材料脱落，则用火枪加热并除去接缝料，清洗缝隙；然后检查是否仍有污迹，如有污损则除去附近的沥青砂胶，进行修复

3）桥面铺装修复养护的规定

(1)修复养护的设计使用年限应根据铺装修复面积确定，并应符合下列规定：修复区域面积不大于100m^2时,设计使用年限应不低于2年；修复区域面积大于100m^2时,设计使用年限宜不低于5年。修复区域超过一条车道时，设计使用年限应综合原设计和现行设计要求进行确定。

(2)当铺装保护层基本完好而铺装磨耗层病害较严重时，宜仅对铺装磨耗层进行铣刨重铺；当铺装保护层、磨耗层均出现严重病害时，宜采用全厚式处治方案。钢桥面铺装在修复施工中，不应采用钢轮振动碾压方式进行压实。修复过程中，应跟踪桥面铺装病害发展情况及现场修复之后的破损状况，实行养护方案动态设计。对桥面铺装进行罩面和重铺时，应对桥面高程进行监控。

(3)应严格控制铺装层厚度。当引起荷载变化时，应在进行专项评估后方可实施。

(4)桥面铺装出现规律性或严重的裂缝、鼓包、车辙、推移等病害，发生火烧、化学物腐蚀等特殊事件后，或实施养护前应及时进行特殊检查评定。

(5)完成铺装病害修复性养护并达到验收标准后，可同步实施预防养护。桥面铺装与路边缘、中央分隔带边缘密封效果不好，应及时组织修复，防止水分渗入。

(6)桥上若发生交通事故或其他意外事故，应及时对桥面及交通安全设施的破坏进行检查，并进行相应的修补。

(7)当桥面沥青混凝土出现泛油、拥包、裂缝、波浪、坑槽、车辙等病害时，及时处治。当损坏面积较小时，局部修补；当损坏面积较大时，将相应区域铺装层凿除或铣刨，重铺新的铺装层。

4）桥面铺装预防养护

(1)钢桥面铺装预防养护的使用年限应不低于2年。预防养护措施宜兼顾铺装结构增强和功能提升。预防养护实施之前，应对桥面的裂缝、坑槽等病害进行处治。预防养护应在桥面连续干燥48h后选择适宜的天气条件下实施，不得在雨天或桥面潮湿情况下施工。

（2）钢桥面铺装的预防养护措施根据铺装材料类型确定：磨耗层为非酸性粗集料的热熔改性沥青类，宜采用抗滑精表处；磨耗层为环氧沥青类以及酸性粗集料的热熔改性沥青类，宜采用超固封层；磨耗层为水泥类、环氧沥青类以及热熔改性沥青类，可采用抗滑磨耗层。

龙江特大桥桥面铺装重量或厚度的改变将影响并改变加劲梁的线形及受力状况，并可能会对桥梁安全和使用性能产生影响。因此，铺装维修中要严格控制铺装厚度，尽可能与原设计保持一致。进行预防养护的封层、罩面等不建议太厚；铣刨重铺方案中，如果铺装厚度、材料相对重度与原设计有区别，要对桥梁结构进行验算，分析永久荷载的变化带来的影响，并评估对桥梁护栏高度的影响。

第 8 章

健康监测及除湿系统

8.1 健康监测系统要求及目标

安排专人每天对大桥的检测数据进行检查,检查其变形指标、是否在正常的范围,检查健康监测系统运行情况是否正常。如果检测指标情况出现异常,应立即核对现场实际使用情况。

桥梁健康监测应结合各类检查结果,对桥梁结构安全与运营状态定期作出明确意见,每季度1次,并宜于每年末进行一次汇总分析。

检测服务单位按照协议约定及时维护设备,提交监测报告,突发事件发生后应及时对事件发生期间的监测数据进行提取和识别,供分析、处理决策使用。

本桥健康监测系统达到以下目标:

(1)桥址高山峡谷地带跨越龙江,需加强对重点区域结构内外部环境湿度的监测,对结构材料耐久性问题应密切关注。

(2)本桥所属区境热量充足,运营环境温差较大,应加强对重点区域环境温度和结构温度场的监测,以分析其对结构的影响。

(3)桥址风环境较为复杂,环境风荷载影响桥梁正常使用和运营安全,应加强对环境风场的监测以分析其对结构的影响。

(4)桥址地处地震多发区,为向结构地震响应分析提供真实的作用输入参数,应重视对地震作用的监测;本桥跨径大、结构柔,通常条件下结构振动响应能够反映结构本身整体力学状态,同时在地震等特殊荷载作用下的振动响应能够反映结构抵抗灾害、保持正常使用性能的能力,故应高度重视结构动态响应的监测。

(5)重载/超载车辆频繁通过,对钢箱梁正交异性桥面板造成严重的疲劳破坏风险,影响结构正常使用性能及寿命,因此正交异性板的动态疲劳应力监测应是本桥应变监测的重点。

(6)大跨径悬索桥的主要结构几何变形(包括塔偏、加劲梁线形变化、锚碇滑移、索鞍变位、加劲梁支座位移等)是结构整体受力状态的直观和重要反映,应当对其实施全面监测。

(7)结构特征监测:对桥梁的静态特征(如静力影响系数及影响线、温度效应等)和动态特征(如振动模态、模态频率、模态阻尼比及模态质量参与系数等)进行监测和分析,掌握结构动力性能,研究结构固有动力特性参数的演变。

(8)结构响应监测:对大桥运营状态下变形、应力、吊索索力等进行监测,掌握大桥的实际受力状态和使用工作状况,评估不同应力和变形变位水准下结构的安全可靠度,预报可能存在的隐患或性能退化;对大桥的振动响应进行监测分析,掌握其动力性能,判断是否存在对大桥有害的振动,并为损伤和抗风抗震性能评估提供依据。

(9)记录大桥可能经历的重大荷载及事故历程,如地震、超重交通荷载以及车撞情况下的状况,对桥梁结构的内力状态改变及损伤进行评估,判断大桥是否因此而出现损伤,以保障桥梁在运营过程的安全。另外,系统可以在结构遭受突发性荷载或损伤时及时报警。

(10)设定结构安全预警值,对大桥结构的健康状况、结构安全可靠性进行评估,进而为大桥运营者提供等级预警信息,当桥梁性能退化超过预警值时,能给出警报,提示加强结构检查及维修。

监测测点整体布置如图8-1所示。

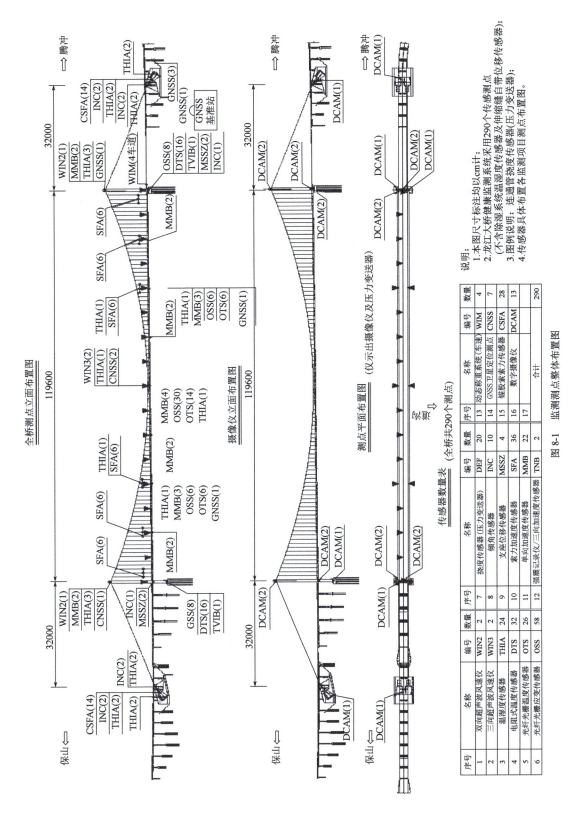

图 8-1 监测测点整体布置图

8.2 健康监测系统构架及主要功能组成

结合龙江特大桥本身结构特点以及大桥预警、评估和管养决策方面的要求,桥梁健康监测系统由下列八大子系统构成:
(1)传感器子系统;
(2)数据采集与传输子系统;
(3)数据处理与控制子系统;
(4)结构健康数据管理子系统;
(5)结构健康评价与预警子系统;
(6)用户界面子系统;
(7)视频监控子系统;
(8)电子化人工巡检养护管理子系统。

8.3 监测测点布置

系统自动化监测项目及传感器见表8-1。

系统自动化监测项目及传感器一览表 表8-1

序号	监测项目		传感器类型	数量
1	重要环境参数及荷载输入	风速风向及风场分布情况	双向超声波风速仪	2
2		风速风向及风场分布情况	三向超声波风速仪	2
3		结构内外环境温湿度	温湿度传感器	7
4		轴载、车速、车流量	车辆动态称重系统	4条车道
5		地震动	强震记录仪	1
			三向加速度传感器	1
6		腾冲侧索塔岸坡稳定性	孔道测斜仪	28
7	结构响应	结构温度(加劲梁、索塔)	数字温度传感器	32
8		结构温度(加劲梁、索塔)	光纤光栅温度传感器	26
9		结构应变(加劲梁、索塔)	光纤光栅应变传感器	58
10		加劲梁挠度(桥面线形)	挠度传感器	20
11		散索鞍及锚碇倾斜变形	倾角仪	8
12		支座位移	位移传感器	4
13		结构振动(加劲梁、索塔)	单向加速度传感器	22
14		吊索振动与索力	索力加速度传感器	8
15		主缆锚跨索股索力	附着式索力传感器	24
16		结构三维动态变形(加劲梁、索塔变形)	GPS卫星定位测点	8
17	视频监控	桥面交通、关键部位运营状况及突发事件	高清数字摄像仪	13
		测点合计		268

1) 风荷载监测

龙江特大桥桥位区属于中切割高中山峡谷地貌,山区峡谷特殊的地形,会形成其特殊的小气候。根据设计资料,大桥区域风况调查较为粗略,瞬时最大风速达 28m/s。桥梁在强风荷载作用下将产生有害风致振动,导致应力疲劳和局部构件损伤;强风作用下发生较大的变形和内力也可能会危及结构运营安全。因此,对大桥代表性部位的风荷载进行实时监测,可以掌握桥梁附近环境风荷载的特性,并据此对结构抗风设计以及结构实际抗风性能进行评价,为相关力学行为分析提供荷载输入依据,同时为恶劣风环境条件下的桥梁交通管控等决策提供参考。

对于悬索桥,加劲梁和桥塔为主要的受风面,且风速随高度增加而变大,因此系统将风荷载监测测点布置在加劲梁跨中断面和塔顶,这样也能使结构对测点位置风的扰动最小。对于塔顶,由于地面障碍物干扰较小,风场基本平稳,风速竖向分量很小,且桥塔主要受水平风的影响,因此对于塔顶主要需要监测水平风。采用二维超声波风速仪进行监测,分别在保山、腾冲岸塔顶上游侧塔冠顶部布置;对于加劲梁跨中断面,由于水平风分量和竖向风分量对加劲梁风致振动均很重要,因此采用三维超声波风速仪进行监测。为了避免结构和行车对风速风向监测的干扰,在加劲梁跨中断面上、下游侧各布置 1 台三维风速仪,并采用悬臂支架将风速仪悬出桥面范围外。风荷载监测布置见表 8-2。

风荷载监测布置 表 8-2

监测项目	传感器类型	测点数量(个)	布设位置
风荷载	二维超声波风速仪	2	保山、腾冲岸桥塔塔顶上游侧各 1 台
	三维超声波风速仪	2	加劲梁跨中断面上、下游侧各 1 台

风荷载应连续监测,数据连续存储。高阶振型主要表现为主缆、加劲梁和吊索振动,桥塔由于刚度较大,自振频率相对较高,高阶振型难以激发,对于加劲梁跨中断面的 WindMaster 型三维超声波风速仪(图 8-2),采用 4Hz 采样频率,可以覆盖结构整体振动以及局部(如吊索)振动频率。对于保山岸塔顶 WindSonic 型二维超声波风速仪,由于其安装高度较高,风场较平稳,且桥塔刚度大、高阶振型难以发生,因此将采样频率设置为 WindSonic 型二维超声波风速仪的最高输出频率(图 8-3),采用 4Hz 采样频率。

图 8-2 WindMaster 型三维超声波风速仪

图 8-3 WindSonic 型二维超声波风速仪

2）环境温湿度监测

龙江特大桥为主跨1196m钢箱梁悬索桥，属于大跨径轻柔结构，环境温度对结构的变形、内力分布和自振频率影响显著。环境温度是重要的外部输入，也是其他各监测参数分析中消除温度影响的重要输入依据。另外，龙江特大桥地处北亚热带气候区，光照丰富，日温差大，导致结构变形、内力和刚度日变化大，因此对龙江特大桥环境温度进行监测尤为重要。

环境湿度一方面是影响结构的腐蚀、老化的重要因素，另一方面也可能是影响自动化监测系统工作的物理量。龙江特大桥作为主要受力和传力构件的主缆、吊索和加劲梁均为钢结构，钢结构在使用过程若长期处于高湿度的环境下，极易出现腐蚀劣化，致使结构件力学性能降低，甚至危及结构体系安全和正常使用。考虑到龙江特大桥跨越龙江河谷区，且桥址区降雨受孟加拉湾暖湿气流控制，每年5—10月为雨季，常年大气环境湿度均维持在较高水平，对大桥钢结构耐久性构成极为不利的影响，因此龙江特大桥设计配套了包括主缆、钢箱梁和锚室的整套除湿系统，以保证钢结构的使用环境保持较低的相对湿度水平。尽管如此，对大桥外环境和各重要钢构件所处内环境的湿度监测仍是不可或缺的重要项目。通过大桥内外环境相对湿度的连续监测，一方面可以随时监控和评价大桥钢结构受环境腐蚀的威胁程度，另一方面可以评价除湿系统的工作效能，为大桥相关的防腐管养决策和除湿系统工作管理提供参考。

为了监测大桥外部空气温湿度，系统在跨中桥面上游侧灯杆、保山岸桥塔塔顶和腾冲岸桥塔塔顶各布设1台温湿度传感器；在24号和72号上下游吊索附近路灯灯杆上分别布置1台温湿度传感器。

龙江特大桥为地锚式悬索桥，锚碇位于岩层内，地质条件较差，锚室内容易渗水，进而引起结构侵蚀，因此在各锚碇上、下锚室内各布设1台数字温湿度仪。

加劲梁采用扁平全封闭钢箱梁，导热快，在日照下钢箱梁内部温度高，对钢箱梁受力、仪器工作状态以及检查人员工作环境均有很大影响；另外，全封闭钢箱梁内空气不易流通，湿度过高对钢结构耐久性不利。因此，在钢箱梁四分点断面以及钢箱梁端部内各布设1台数字温湿度仪。环境温湿度监测布置、温湿度仪分别如表8-3和图8-4所示。

环境温湿度监测布置　　　　表8-3

监测项目	传感器类型	测点数量（个）	分布位置
大气温湿度	温湿度传感器	1	跨中桥面
	温湿度传感器	2	保山、腾冲岸塔顶
结构温湿度	温湿度传感器	4	24号、72号上下游吊索附近灯杆
	温湿度传感器	12	锚碇前后锚室、散索鞍、主索鞍
	温湿度传感器	4	主缆边跨和中跨的排气索夹处
	温湿度传感器	3	钢箱梁16分点断面

环境温湿度连续监测，数据连续存储。由于环境温湿度变化较为缓慢，因此采样频率设置为0.0167Hz（1min采样1次）。

第 8 章 健康监测及除湿系统

 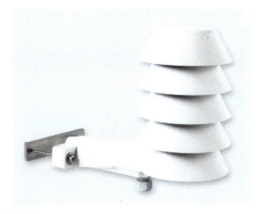

图 8-4 温湿度仪

3) 桥面车辆荷载监测

龙江特大桥加劲梁采用扁平钢箱梁,设计为正交异性桥面板,直接承受车轮荷载作用,主缆和吊索均为细长钢构件。车辆荷载导致的疲劳损伤是影响钢结构使用安全和使用寿命的重要因素,为了准确评估构件疲劳损伤,须采用桥梁在设计基准期内实际承受的运营车辆荷载进行分析,而桥面车辆荷载的监测能为疲劳分析提供真实准确的荷载数据。

对龙江特大桥车辆荷载数据(包括交通量、车速、车型、车辆总重、轴重、轴距等)进行长期实时监测,并识别和记录超载超限车辆,可为大桥的力学行为分析提供真实准确的荷载输入,为大桥的运营交通荷载适应性评价提供数据积累,为必要的交通管控决策提供依据。

龙江特大桥腾冲岸桥塔边跨侧大部分范围为路基段,因此将车辆荷载监测断面设置在该范围靠近腾冲岸桥塔处,也使得监测断面与桥塔下横梁处综合采集站的距离较近。采用基于压电薄膜传感器的动态称重系统对车辆荷载进行监测,监测范围覆盖全部 4 条行车道。桥面车辆荷载测点布置见表 8-4。

桥面车辆荷载测点布置　　　　　　　　　　　　表 8-4

监测项目	传感器类型	测点数量	布设位置
桥面车辆荷载	动态称重系统	四车道	腾冲侧边跨路面靠桥塔处

桥面车辆荷载监测不间断连续运行,触发采样(车辆经过时触发),数据实时存储。此外,可以通过系统配备的报警触发装置,实现对超速超重车辆的识别,有利于加强对交通运输的管控。图 8-5 所示为动态称重系统主机。

4) 地震动监测

地震对大桥结构而言属突发灾害性外部荷载输入,虽然其发生概率较小,但其产生的能量和作用力巨大,往往可对结构造成较大破坏,危及结构安全运营。

地震动监测的主要目的是监测桥塔底部的振动,在地震发生时记录下结构地震动输入,可用于校验设计参考地震强度,为震后结构状态评估提供真实可靠的荷载输入依据。

采用三向振动传感器对地震动进行监测(图8-6),地震动是通过桥塔底部向上部结构传递,龙江特大桥两岸桥塔距离长达1196m,为了考虑地震动行波效应,在保山岸和腾冲岸桥塔底部各布设1个三向振动传感器,全桥共2个测点。地震动监测测点布置见表8-5。

图8-5 动态称重系统主机

图8-6 BY-S07振动传感器

地震动监测测点布置　　　　表8-5

监测项目	传感器类型	测点数量(个)	布设位置
地震动	三向振动传感器	2	两桥塔塔底

传感器不间断持续运行,数据连续采集和存储,采样频率为50Hz。由于采样频率高,原始数据量较大,对原始数据进行实时分析,保存分析结果,然后定期对无异常的原始数据进行转存或删除。

5)结构应变监测

结构应变(应力)是结构整体和局部受力安全状态的直接反映,是监测的重要方面。结构损伤和破坏最主要的形式是强度破坏,而强度破坏的本质原因是材料应变(应力)过大。因此,对结构关键断面应变的监测对于分析结构受力状态、保障结构安全显得尤为重要。

大跨径悬索桥加劲梁的高跨比很小,在活载作用下梁的变形大,但应力不大。加劲梁的挠度是从属于主缆的,随着跨径的增大,加劲梁的功能退化为将活载摊到附近的几根吊索,最后传递到主缆、桥塔、锚碇等主要结构上。

基于大跨径悬索桥加劲梁的受力特点,对于加劲梁应变监测,系统将加劲梁应变监测断面平均分布在加劲梁全长范围内,将各四分点断面设置为应变监测断面。其中,在每个四分点断面各布设8个应变传感器,跨中断面对正交异性桥面板进行测点加密重点监测,共42个钢箱梁结构应变测点。

对于悬索桥桥塔,其主要受主跨和边跨主缆传递给塔顶的不平衡拉力作用,其受力最大断面在桥塔底部。因此,在桥塔底部上、下游侧每根塔柱各布设4个应变传感器,共16个桥塔混凝土结构应变测点。结构应变监测测点布置见表8-6。

结构应变监测测点布置　　　　表8-6

监测项目	传感器类型	测点数量(个)	布设位置
结构应变	光纤光栅应变传感器	58	钢箱梁主跨四分点断面,桥塔底部

对于悬索桥加劲梁,常规采样频率设置为20Hz,连续采样,数据连续存储。对于悬索桥桥塔,主要受主缆传递的拉力。按照1Hz(1s间隔)对桥塔应变数据进行存储,对其余数据进行定期删除;如果遇到突发作用(如地震等),则将相应时间范围内的50Hz原始数据进行保存。图8-7所示为BGK-FBG-4000表面安装式光纤光栅应变传感器。

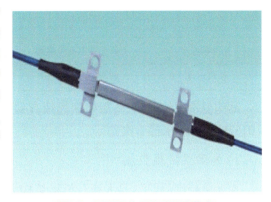

图8-7 BGK-FBG-4000 表面安装式光纤光栅应变传感器

6)结构温度监测

龙江特大桥桥位地处北亚热带气候区,光照丰富,日温差大。环境温度变化通过热传导作用于桥梁结构,在结构内部形成温度场。超静定结构中温度场的变化将会导致温度次内力的产生,同时材料随温度的胀缩也会导致结构整体形变,有些大跨径桥梁中,温度应力可以达到甚至超出活载应力。因此,实施对环境温度和结构温度场的连续监测,并根据温度和其他状态参数的监测数据分析和评价结构温度效应特征(加劲梁线形、梁端伸缩装置变形性能等),同时对系统传感器进行温度修正是非常必要的。

由于受热不均和不同部位构件导热性能的不同,结构中各部位温度场分布是不均匀的。但由于大跨径悬索桥各类构件(加劲梁、桥塔塔柱、主缆和吊索)均为细长结构,其外部热源环境(太阳辐射角度等)沿构件长度方向基本一致,因此其温度场沿长度方向基本为均匀分布。

为了监测桥塔截面温度梯度,在两岸桥塔底部上、下游侧每个塔柱断面处,各布设8个数字温度传感器,温度监测断面位置与桥塔应变监测断面对应,以便于根据温度监测数据对桥塔光纤光栅应变数据进行温度补偿。

考虑主缆是主要的受力构件,主缆温度变化会导致主缆伸长或缩短,进而会引起全桥结构线形和内力变化。系统设计采用主缆除湿系统温湿度传感器数据对主缆温度进行监测,不再对主缆重复设置温度传感器。

全桥共布设26个光纤光栅温度传感器(图8-8)和32个数字温度传感器,共58个温度测点(表8-7)。

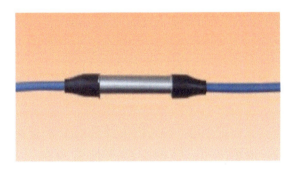 

图8-8 BGK-FBG-4700S 光纤光栅温度传感器和 BGK3700 光纤光栅温度传感器

结构温度监测测点布置　　　　表 8-7

监测项目	传感器类型	测点数量(个)	布设位置
加劲梁温度	光纤光栅温度传感器	26	加劲梁各八分点断面
桥塔温度	数字温度传感器	32	桥塔底部断面

结构温度连续监测,监测数据连续存储。由于结构变化较为缓慢,因此采样频率设置为 0.0167Hz(1min 采样 1 次)。

7)加劲梁挠度监测

加劲梁挠度(线形)是大跨径桥梁结构力学行为特征的最直观体现之一。因为桥梁如发生过大挠曲变形,不但会导致高速行车困难,加大车辆的冲击作用,引起桥梁的剧烈振动,而且可能使桥面铺装层和结构的辅助设备遭到损坏,严重者甚至危及桥梁的安全。

系统在加劲梁各四分点断面上、下游侧各布设 1 个挠度传感器,在其余各十六分点断面下游侧各布设 1 个挠度传感器,在两岸桥塔位置各布置 1 个基准点,全桥共布置 20 个挠度传感器(压力变送器)。加劲梁线形监测测点布置见表 8-8。

加劲梁线形监测测点布置　　　　表 8-8

监测项目	传感器类型	测点数量(个)	布设位置
加劲梁线形	挠度传感器(压力变送器)	20	加劲梁各十六分点断面及塔内基准点

加劲梁挠度连续监测,监测数据连续存储,采样频率 1Hz。图 8-9 所示为 EJA 系列压力变送器。

图 8-9　EJA 系列压力变送器

8)结构空间变位监测

大跨径悬索桥上部结构柔度大、振动频率低、对风的作用敏感,结构空间变位是反映结构整体受力状态的最直观、最重要的物理量。全球定位系统(GPS)技术不仅能克服气候条件的限制,而且可以较高的频率、较高的精度同步测定多个监测点的三维坐标。这些优点为对大型桥梁进行静态以及实时、高精度的动态监测提供了成熟稳定的技术基础。

在加劲梁跨中断面上、下游侧各布设 1 个 GPS 测点,在 $L/4$ 和 $3L/4$(L 为加劲梁长度)加劲梁断面,以及两岸桥塔塔顶下游侧各布设 1 个 GPS 测点,经过上述测点布置可对龙江特大桥整体空间变形进行实时监测。龙江特大桥 GPS 监测基站设置在大桥附近的桥管站,基站接收机安装在上空无遮挡物的固定立柱上。

考虑大桥未设置 GPS 测站部位的空间变位监测需求,系统提供一台 GPS 流动测站,供管养单位巡检人员定期测量结构空间位置使用。结构空间变位监测测点布置见表 8-9。

结构空间变位监测测点布置   表 8-9

监测项目	传感器类型	测点数量(个)	布设位置
结构空间变位	GPS	7	(固定测点)塔顶、主跨跨中和四分点共 6 个；另加 1 个基准站
结构空间变位	GPS 流动站	1	(定期自选测点)存放于桥头监控中心，根据需要进行流动布置和采样

结构空间变位监测不间断采集并存储数据，采样频率为 0~50Hz 可调，根据工程经验和数据可靠性要求，按 10Hz 设置。图 8-10 所示为 SPS852 模块化 GPS 接收机。

图 8-10 SPS852 模块化 GPS 接收机

9) 锚碇倾斜变位监测

锚碇是悬索桥结构的重要构件，其将主缆的拉力传递到地基。锚碇在大桥运营期间可能会发生较大的变位及转动，对结构内力和变形产生一定的影响。龙江特大桥锚碇采用重力式锚碇+扩大基础的结构形式，保山岸锚碇基础以全风化凝灰岩、全风化玄武岩和黏土岩作为主要持力层，腾冲岸锚碇基础以粉砂岩、全风化花岗质砂砾岩、黏土岩、全风化凝灰岩、全风化玄武岩作为主要持力层，两岸锚碇基础地质条件不是很好，因此有必要对锚碇变位进行长期实时监测。

在两岸锚碇上、下游侧的上、下锚室各布设 1 台双轴精密倾角仪，对锚碇纵桥向和横桥向转动位移进行监测。锚碇倾斜变位监测测点布置见表 8-10。

锚碇倾斜变位监测测点布置   表 8-10

监测项目	传感器类型	测点数量(个)	布设位置
锚碇倾斜变位	倾角仪	8	各锚室内：散索鞍；前锚面

锚碇倾斜变位连续监测，监测数据连续存储，正常采样频率为 1Hz，遇到地震等突发荷载时，触发 10Hz 采样频率，记录下锚碇动态转动位移。图 8-11 所示为 ACA826T 型精密倾角仪。

10) 支座/伸缩缝位移监测

支座是桥梁结构的力学边界，在交通荷载、温度、混凝土收缩和徐变作用下，支座能适应上部结构的转角和位移，使上部结构可自由变形而不产生额外的附加内力，其工作状态关系到结构是否按设计边界条件承受各种荷载。

图 8-11　ACA826T 型精密倾角仪

伸缩缝是保证车辆平稳通过桥面、满足桥梁变形需求的重要构件。伸缩缝直接承受车轮荷载的冲击作用,并且长期暴露在大气中,使用环境恶劣,是桥梁结构最易损坏而又较难维修的部分。此外,伸缩缝的破坏将使车辆对桥梁的冲击作用显著增加,加快桥面铺装层的破坏速度,有时甚至还会影响到桥梁结构本身。

龙江特大桥属大跨径悬索桥,在温度、汽车荷载等外部作用下,加劲梁端部伸缩和转动变位很大,梁端部采用 1920mm 的大型伸缩缝,梁端支座位移量也很大,更容易在运营过程中发生损坏。对于大位移支座和伸缩缝而言,判断其是否损坏的主要标准,除了外观检查中可以发现的一些明显病害外,还有评定其运动形态是否正常,即其运动是否平滑、顺畅,有无运动中的滞涩和阻碍现象。因此,通过对大型支座和伸缩缝的位移进行长期实时监测,实现对支座和伸缩缝状态的分析和评定。

对于梁端支座,其位移主要为纵桥向位移,横桥向位移相对很小,因此,在两岸梁端下游侧支座各布设 1 个纵桥向位移测点。全桥共计 4 个测点。

对于梁端伸缩缝,其纵桥向伸缩很大。另外,由于龙江特大桥主跨跨径大,在风荷载作用下梁端横向转动较大,导致伸缩缝上、下游侧伸缩量相差较大,容易导致伸缩缝弯曲变形损伤。因此,在梁端伸缩缝上、下游侧各布设 1 个位移传感器监测其伸缩量和横向转动。全桥共 2 个测点。支座/伸缩缝测点布置见表 8-11。

支座/伸缩缝测点布置　　　　表 8-11

监测项目	传感器类型	测点数量(个)	布设位置
支座/伸缩缝	位移传感器	4/2	梁端支座/伸缩缝

支座/伸缩缝位移连续监测,监测数据连续存储。支座位移、伸缩缝伸缩量以及主缆相对主鞍座滑移主要受温度作用影响比较大,变化相对缓慢,采样频率设置为 1Hz。图 8-12 所示为 KYDM 型磁致伸缩位移传感器。

11) 梁端转角

对于悬索桥,通过梁端转角监测数据,可以评估桥梁整体变形特性和伸缩缝支座性能。龙江特大桥在两岸梁端布置倾角传感器进行监测。锚碇倾斜变位监测测点布置见表 8-12。

图 8-12　KYDM 型磁致伸缩位移传感器

梁端转角连续监测,监测数据连续存储,正常采样频率为 (1/600)Hz(10min 一次)。

锚碇倾斜变位监测测点布置　　　　　　　　　表 8-12

监测项目	传感器类型	测点数量(个)	布设位置
锚碇倾斜变位	倾角仪	2	梁端竖向转角

12）结构振动监测

任何结构都可以看作是由刚度、质量、阻尼等结构特性参数组成的动力学系统，结构一旦出现损伤或其他异常，其结构动力特征（振型、频率、阻尼等）也将发生改变。结构振动水平的大小直接影响大桥的正常使用性能，过高水平的振动会影响行车舒适度，甚至危及行车安全。

对结构振动的监测，可以间接地监测结构遭遇的突发事件，如地震、车撞、强风等，通过对突发荷载发生时以及发生后的结构振动响应数据进行分析，可以评定其对结构造成的影响，判断其对结构是否造成损伤。

结构振动监测采用单向加速度传感器进行测量，结合结构动力特性分析结果进行测点布设。本方案在两主塔塔顶各布设 2 个单向加速度传感器分别监测其纵桥向和横桥向振动；在主跨 1/4、1/2 和 3/4 断面上、下游侧各布 1 个竖向振动传感器，在其余八分点断面各布设 1 个竖向振动传感器，如此可监测加劲梁整体竖向振动以及扭转；在各八分点断面各布设 1 个横向振动传感器监测加劲梁横向振动；在跨中断面布设 1 个纵桥向振动传感器监测加劲梁纵飘。全桥共布设 22 个单向振动传感器（表 8-13）。

结构振动（动力特性）测点布置　　　　　　　　　表 8-13

监测项目	传感器类型	测点数量(个)	布设位置
结构振动	单向加速度传感器	22	塔顶、主跨八分点

结构振动不间断持续，监测数据连续采集和存储，采样频率为 50Hz。图 8-13 所示为单向加速度传感器。

图 8-13　单向加速度传感器

13)吊索振动与索力监测

龙江特大桥主缆和吊索分别采用平行钢丝索股和钢丝绳。吊索是悬索桥重要的受力构件,一方面,其将桥面荷载传递给主缆;另一方面,吊索索力的变化对结构的受力状态有重要影响,也是结构受力状态或安全状况的直接反映。

吊索在汽车荷载、风作用下,或是在其他作用下,会发生各种不同机制的振动。有的振动虽然振幅不大,但经常发生;有的振动虽然发生频率不高,但振幅很大。振动造成的吊索疲劳破坏是吊索失效的主要形式,因此对吊索振动的监测也非常重要。结合振动频谱法,可以监测吊索索力,也可监测吊索振动。

系统选择第1号、24号、72号、95号吊索断面进行索力监测,每个吊点断面布设1个索力加速度传感器,上、下游侧对称布置,共设8个吊索索力振动测点。

对跨中附近短吊索,因其索长较短,不满足频谱法索力测量计算基本边界假定,因此采用附着式索力传感器对其索力进行测量。对48号吊索上下游吊点各取2股吊索进行监测,共设短吊索附着式索力传感器4个(表8-14)。

吊索振动与索力监测测点布置 表8-14

监测项目	传感器类型	测点数量(个)	布设位置
长吊索振动与索力	索力加速度传感器	8	1号、24号、72号、95号长吊索
短吊索索力	附着式索力传感器	4	48号短吊索

对吊索加速度信号连续采集,监测数据连续存储。采用频谱法,按照10min间隔对索力进行解算和分析。图8-14所示为单向振动传感器。

图8-14 单向振动传感器

14)索股索力

对于悬索桥,通过对锚室内代表性锚跨索股索力的监测,可以实现对主缆总体受力状况的间接监测,龙江特大桥保山岸及腾冲岸上下游锚室内各选取7根索股进行监测,全桥共28个监测点(表8-15)。

锚股索索力监测测点布置　　　　表8-15

监测项目	传感器类型	测点数量（个）	布设位置
吊索振动与索力	单向加速度传感器	28	1、29、36、85、134、141、169索股

对吊索加速度信号连续采集，监测数据连续存储。采用频谱法，按照10min间隔对索力进行解算和分析。图8-15所示为索力传感器。

15) 索塔岸坡稳定性监测

针对龙江特大桥腾冲岸索塔岸坡存在滑坡体和滑移面的特殊地质情况，为及时掌握大桥运营期该不良地质构造的发展变化情况以及其对大桥结构安全和正常运营的影响，系统在原有人工监测测斜孔基础上，增加固定孔道测斜仪，对该岸坡的滑移情况进行自动化连续监测。

图8-15　索力传感器

选择原4号测斜孔（110m深），对其按竖向间距4m均匀布置固定孔道测斜仪，共设测点28个（表8-16）。

索塔岸坡稳定性监测测点布置　　　　表8-16

监测项目	传感器类型	测点数量（个）	布设位置
腾冲岸索塔岸坡岩土稳定性	固定孔道测斜仪	28	腾冲岸4号测斜孔

索塔岸坡稳定性连续监测，监测数据连续存储，采样频率设置为1h/次。图8-16所示为BGK-6150MEMS型固定孔道测斜仪。

16) 数据采集站

数据采集站的数量和位置应根据传感器的测点布设位置、信号输出类型、传输距离、通道数、设备安装和调试的操作性及可维护性进行综合考虑和布设。同时，由于数据采集站内大部分设备为电子设备，因此宜选择温湿度比较恒定、振动比较小的位置进行布设（表8-17）。

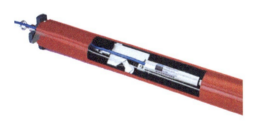

图8-16　BGK-6150MEMS型固定孔道测斜仪

采集站布置情况统计　　　　表8-17

序号	采集站位置	采集对象
1	保山岸下游锚室	散索鞍倾斜1个，锚碇倾斜1个，锚股索力7个
2	保山岸上游锚室	散索鞍倾斜1个，锚碇倾斜1个，锚股索力7个
3	保山岸塔顶横梁	风速风向1个，温湿度3个，全球导航卫星系统（GNSS）1个，振动3个
4	保山岸下游塔柱内中横梁	支座位移2个，梁端转角1个，挠度2个，地震1个，吊索索力6个

续上表

序号	采集站位置	采集对象
5	1/4 箱梁内	温湿度2个,挠度5个,GNSS 1个,振动5个,吊索索力12个
6	1/2 箱梁内	风速风向2个,温湿度2个,挠度6个,GNSS 2个,振动8个
7	3/4 箱梁内	温湿度2个,挠度5个,GNSS 1个,振动5个,吊索索力12个
8	腾冲岸塔顶横梁	风速风向1个,温湿度3个,GNSS 1个
9	腾冲岸下游塔柱内	动态称重四车道,支座位移2个,梁端转角1个,挠度2个,地震1个,吊索索力6个
10	腾冲岸上游锚室	散索鞍倾斜1个,锚碇倾斜1个,锚股索力7个
11	腾冲岸下游锚室	散索鞍倾斜1个,锚碇倾斜1个,锚股索力7个
12	桥管站监测中心	光纤光栅应变56个,光纤光栅温度42个

17)健康监测系统

龙江特大桥健康监测系统中,视频监控子系统在全桥共设置13套高清网络球型摄像仪（表8-18）。

健康监测系统摄像仪布设一览表　　表8-18

序号	布设位置	数量(套)	功能
1	保山岸锚碇上游锚室人洞处	1	锚碇附近安防监控
2	保山岸塔顶	2	全景监测主桥和引桥桥面运营状况
3	保山岸塔下横梁加劲梁支座附近	2	监测主跨梁端支座、伸缩缝、阻尼器状况
4	保山岸塔底上游人洞处	1	塔柱底部安防监控
5	腾冲岸塔顶	2	全景监测主桥和引桥桥面运营状况
6	腾冲岸塔底上下游人洞处	2	塔柱底部安防监控及车辆称重断面车辆通行状况
7	保山岸塔下横梁加劲梁支座附近	2	监测主跨梁端支座、伸缩缝、阻尼器状况
8	腾冲岸锚碇上游锚室人洞处	1	锚碇附近安防监控
	合计	13	—

8.4 数据采集与传输系统总体设计

根据数据采集与传输系统技术目标,结合工程实际需求,系统设计采用工业以太网总线组建健康监测系统采集传输网络,采集站之间采用光纤分布式数据接口（FDDI）光纤双环冗余传输网络,以保证信号传输的可靠性。数据采集与传输系统架构如图8-17所示。

第8章 健康监测及除湿系统

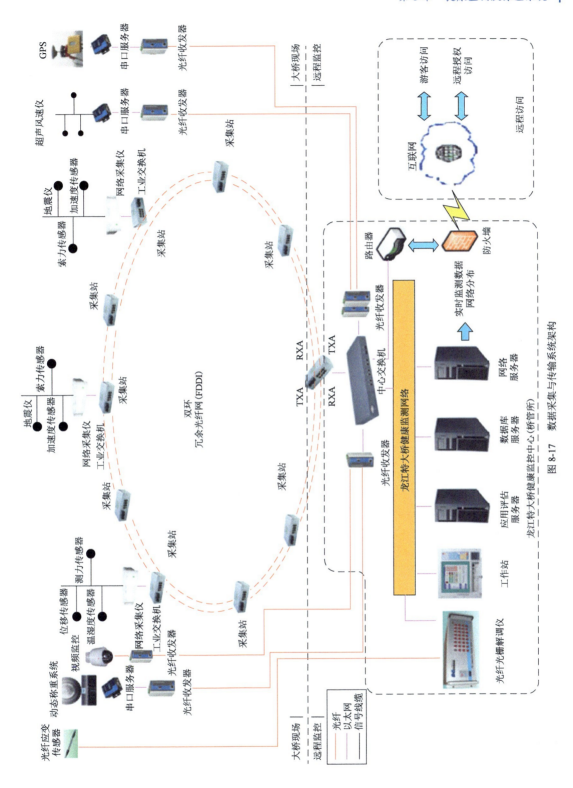

图 8-17 数据采集与传输系统架构

8.5 健康监测系统日常维护保养

1）健康监测系统日常维护保养主要工作内容

（1）健康监测系统日常维护。

健康监测系统日常维护包括设备运行状态、通信状态、软件系统的状态检查（以远程监控为主）。

（2）外场设备检查。

外场设备检查指对外场传感器立柱、支架、保护盒的外观、稳定性进行检查处理，保证系统支架保护装置完好。

传感器部分主要包括 GPS（包括立柱、保护盒）、动态称重系统、位移传感器、基准站等。如果发现锈蚀、脱落、漏水等现象，需要及时处理。

数据采集部分为调理器、采集工控机及箱梁内的数据采集站。

每半年对外场设备进行一次检查。健康监测系统软硬件需要进行定期检查维护，以保证系统功能完整、运营正常。

2）周期性系统维护

以季度为单位进行周期性系统维护，维护的内容包括保持内、外场系统设备及软件在适宜的工作环境中。具体包括：

（1）监控中心计算机。

①硬件保养和故障诊断。

②系统软件定期更新、扫描、漏洞修复并进行磁盘清理等。进行软件检查、软件备份及维护，以提高计算机的病毒、木马、黑客防御能力。

③保证网络畅通，进行网络安全及保障防护，排除网络故障，进行网络查毒、杀毒。

（2）外场传感器设备。

①传感器及其附属保护设备外观检查、保养、标示维护。保持光纤光栅解调仪接口的清洁；不使用的接口戴上防尘帽，防止灰尘进入；检查仪器支架、仪器主体、采集设备等有无松动现象。

②传感器输出信号诊断检查。

（3）数据采集系统设备。

①数据采集系统及其附属机柜外观检查、保养、标示维护。

②机柜内部接线检查与紧固。检查集线器的信号线、电源线或专用电源是否正常；检查传感器的双绞线的集线器端与防护罩端是否接触完好，判断是否需要更换网线插槽。

③数据采集软件检查和维护。仪器自检，通过自检看采集模块及传感器状态是否正常；检查接收机设置是否正确。

④清理数据采集站内部灰尘，更换老化的易损元器件。

（4）供电设备检查。

①供电开关及外观检查、功能检查、标示维护。检查供电状态。

②机柜内部接线检查与紧固。

对于周期性系统维护发现的故障和问题,应尽快安排维修,以免引起数据报告的内容缺失。应按规定对系统所含传感器进行定期检定校准。应更换达到设计工作寿命95%以上的设备。

3) 系统数据校核

系统数据校核主要包括 GPS 联测及校核、车速仪、温湿度仪的数据校核。系统数据校核应每年进行1次。

(1) GPS 联测及校准。

检查 GPS 通信是否正常,检查接收机开机是否可以跟踪卫星信号;主要通过人员使用手持 GPS 定位设备进行现场基准点测定,确定基准站的精度,通过基准站调整 GPS 测量精度。

(2) 车速仪标定及校准。

使用标定重量的加载车,精确测定加载车的重量,通过加载车对路面传感器进行多次标定,提高称重系统传感器精度。

4) 系统数据分析

数据分析与应用功能满足设计目标要求。系统数据分析的主要工作内容包括:

(1) 数据备份及管理:每季度1次,对原始数据进行备份。检查输出数据是否正常。

(2) 系统运行巡检报告:每季度1次,统计各监测项的运行情况巡检记录,系统各监测项设备和软件的维护情况形成报告。

(3) 季度数据分析报告:每季度1次,对所有监测点数据进行年度统计分析。

(4) 特殊事件数据分析报告:如出现地震、车辆撞击、火烧、超限车辆过桥等特殊事件,应在特殊事件发生后出具数据统计分析报告。

5) 注意事项

(1) 数据异常时,应对传感器、采集仪、通信线路等进行检查,发现损坏应及时维修或更换。发生火灾、地震等突发事件后,应对健康监测系统进行检查,发现硬件不能正常运行时应及时维修或更换。防护系统老化、破损时,应及时维修或更换。进行更换或升级的系统软硬件,其技术指标或性能不应低于原软硬件。

(2) 系统整体老化、无法正常持续运行,通过开发单位进行维护无法恢复原使用功能时,可对系统进行更新改造。系统不能够满足监测需求时,宜进行软、硬件子系统改造,更新或增加系统功能。

(3) 传感器系统维护保养。

辅助支持系统:查看不间断电源(UPS)工作状况,检查负载是否在正常范围内,电池电量是否正常,电压输入输出是否正常。

软件系统维护保养:①检查网络系统服务器有无异常;②各采集设备和相关数据有无异常、备份系统有无异常;③查看实时服务器工作是否正常;④查看面向仪器系统的外围组件互连扩展(PXI)状态。

8.6 主缆除湿系统

主缆除湿系统将大桥每侧的主缆分为两个除湿区域,每一个区域采用一套除湿系统,维持每个区域主缆内部的干空气循环。主缆除湿系统在两座主塔各布置一套集成式除湿机组,除湿机选用 LBCS-2500P 型,处理风量为 2500m³/h,再生风量为 925m³/h,除湿量为 17.9kg/h,功率为 25kW。

干燥空气通过送气管道沿主缆送入设于大桥主缆上的 12 处进气口,送入主缆的干燥空气渗透入主缆带走水分,再通过设于大桥主缆上的 14 处排气口及主缆与鞍室连接的空隙排出,完成主缆除湿的过程,同时完成鞍室的除湿工作。管道采用增强热塑性塑料管(RTP)。外部空气在过滤装置中除去颗粒后被送入除湿机进行除湿,送风温度可通过空调来调节控制。

在送气装置中,通信箱设置气压测量装置、安全阀等,送风机出口设置温湿度和气流流量监测装置,分气缸处设置气压测量装置,每一个送气夹的送气管路设置气流流量监测装置。

每一个送气夹都配有压力传感器,通过分气缸处的调节阀调节流量,使送入主缆内的干空气压强不超过 3000Pa。

主缆除湿系统组成如图 8-18~图 8-20 所示。

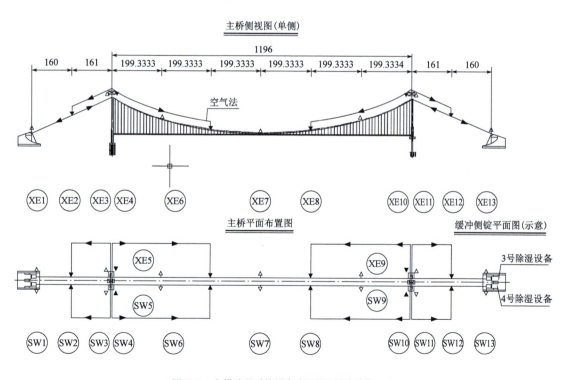

图 8-18 主缆除湿系统设备布置图(尺寸单位:m)

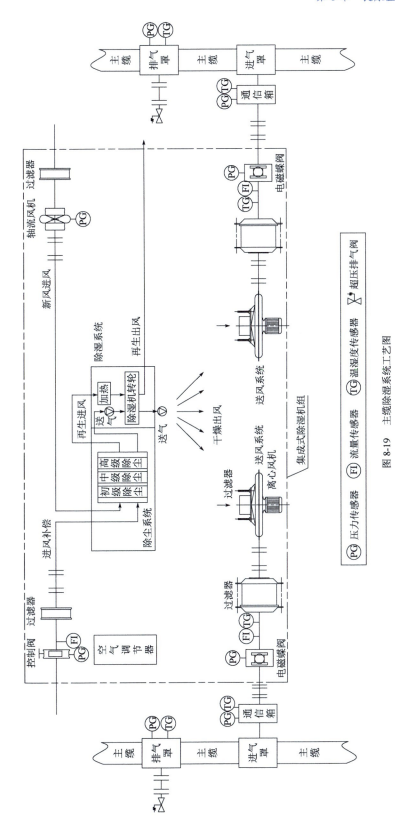

图 8-19　主缆除湿系统工艺图

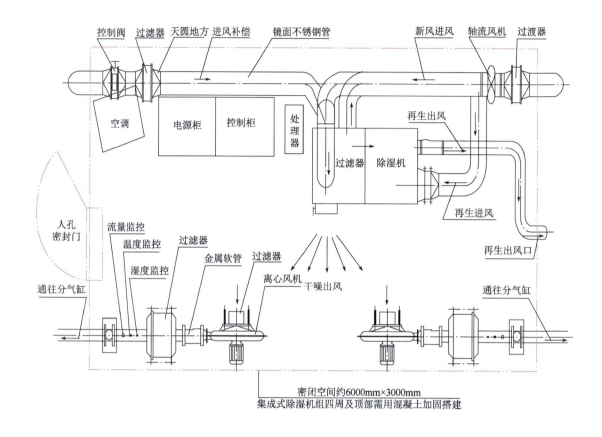

图 8-20 主缆集成式除湿机组示意图

8.7 钢箱梁除湿系统

整个钢箱梁划分为 8 个除湿区域。为防止钢箱梁内钢构件锈蚀,钢箱梁除湿系统总共配置两套除湿机组,在钢箱梁的两端各安装 1 套除湿机组,保持内部空间湿度长期稳定在 50% 以下,控制指标为 45%±5%。除湿机组选用 LBCS-5000P 型,处理风量为 5000m^3/h,再生风量为 1600m^3/h,除湿量为 33.5kg/h,功率为 50kW。每套设备负责 4 个区域,通过底板 U 肋将干燥气体送至不同的除湿区域。每套除湿机组配套一台混合箱,送风流量为 10000m^3/h,以增加干燥空气的送风距离,同时增加箱梁内部干燥空气的循环,以保证箱梁内部湿度均匀。钢箱梁除湿系统设备布置图如图 8-21 所示。

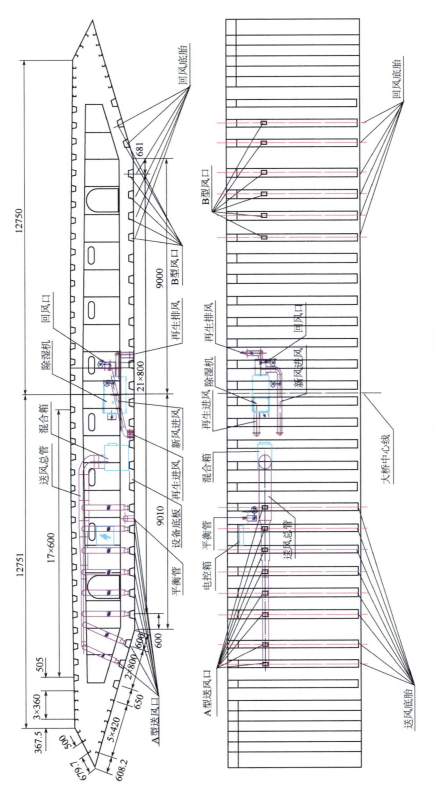

图 8-21 钢箱梁除湿系统设备布置图（尺寸单位：mm）

8.8 锚室除湿系统

全桥4个锚室均配置1套除湿机组,锚室每套除湿机组由1台LBCS-2500型除湿机和1台LBMX-5000型混合箱组成。除湿机的处理风量为2500m³/h,再生风量为925m³/h,除湿量为17.9kg/h,功率为25kW。混合箱的送风量为5000m³/h。前锚室内控制相对湿度45%±5%,后锚室内控制相对湿度50%±5%。锚室除湿系统直接将干燥空气送至保护位置,经局部扩散后,自然回流到除湿机位置。锚室除湿系统控制箱集成在机组内。锚室除湿系统有完整的湿度控制单元,分为手/自动两种模式,既可依据湿度传感器检测的湿度信号,自动控制除湿机组的运行,也可在上位机或现场手动控制除湿机组的运行。

8.9 鞍室除湿系统

鞍室内不设置除湿机,作为主缆除湿系统除湿的一个部位,其空间利用经主缆排到鞍室的干燥空气进行除湿。鞍室送气管道布置图如图8-22所示。

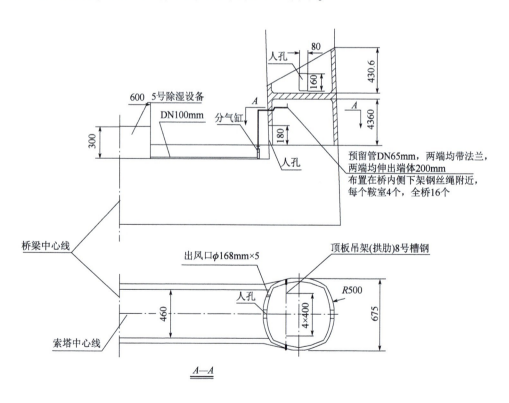

图8-22 鞍室送气管道布置图(尺寸单位:cm)

8.10 除湿系统维护与保养

8.10.1 维护及故障排除程序

(1) 如果机组发生故障,在与设备供应商联系之前,应先参考表 8-19 提供的故障分析和相应的解决措施。但应注意,表 8-20 不适于设备相关的外配部件内容。如有必要,须参阅设备制造商提供的其他有关资料说明。

故障现象、可能的原因及排除故障的措施　　　　表 8-19

故障现象	可能的原因	排除故障的措施
机组停机	供电故障	检查机组的供电
机组停机(所有指示灯不亮)	控制线路变压器故障或二次线路保险跳闸	查出变压器故障原因,排除相应的故障,将线路保险开关复位
机组停机(机组电源指示灯亮,运行指示灯不亮)	手动运行方式:机组被切换到自动运行方式(用户模式),而机组没有接收到外部运行信号	将机组切换回手动运行方式
	除湿机内部控制接线错误或部件故障	按照随机电气图纸,检查和排除相应的故障
	自动运行方式:外部控制信号故障,除湿机内部控制接线错误或部件故障	按照设备供应商提供的资料排除故障。按照随机电气图纸,检查和排除相应的故障
机组停机(故障报警指示灯亮,电源指示灯亮)	故障 A:电机保护开关	检查电机和供电,检查风机旋转灵活性。检查处理和再生风量。风量不正确,可能引起风机电动机过载
	故障 B:高温切断保护装置	检查除湿转轮旋转灵活性和驱动装置。检查过滤网和空气进出口的风管和阀门有无堵塞。清除灰尘或堵塞杂物;打开风阀,待机组冷却后,将切断装置复位
	根据控制要求接入的其他故障信号	查阅相关资料,找出故障原因并排除
除湿能力下降(除湿机显示工作正常,但湿度降不下来)	再生加热能力不够	检查加热器的工作情况
	再生空气或处理空气的风量没有满足机组的设计规定	测量并调整再生空气或处理空气的风量
	转轮驱动系统故障	检查转轮驱动皮带和驱动电机
	外部控制系统工作不正常(自动控制方式)	按照产品供应商推荐的方法检查控制系统工作情况
	空调风系统可能存在泄漏	找出系统泄漏点,重新进行密封处理
	为除湿系统热交换器(前冷)提供的冷量不够(冰水温度过高或流量少)	检查制冷系统和控制

续上表

故障现象	可能的原因	排除故障的措施
除湿机出风温度过高(除湿机有控温要求,但温度无法下降)	热交换器(前冷)脏堵	清除交换器上的灰尘或堵塞杂物
	热交换器(后冷)脏堵	清除交换器上的灰尘或堵塞杂物
	再生风可能存在泄漏	检查再生空气与处理空气之间的密封(转轮两侧径向密封条)

（2）主控可编程逻辑控制器（PLC）柜通过各传感器来保护整套除湿系统,其包括再生风高温保护、转轮阻塞报警与保护、再生侧过滤器阻塞报警、处理侧过滤器阻塞报警、转轮意外停转报警及保护、关机后再生风延时控制、风机过载报警以及保护。这些保护可在除湿设备硬件出现故障时及时反映在主控PLC液晶显示屏中,从而根据不同故障原因采取现场应急措施。

①若主控PLC柜出现再生风高温保护,导致停机,检测电路查看是否出现短路。

②若主控PLC柜出现转轮阻塞报警与保护,导致停机,检测除湿机加热箱是否正常工作。

③若主控PLC柜出现再生侧过滤器阻塞报警,及时更换再生侧空气滤网。

④若主控PLC柜出现转轮意外停转报警及保护,导致停机,及时检测转轮电机电路是否损坏,或有异物混入除湿箱内干涉转轮转动。

⑤若主控PLC柜出现风机过载报警以及保护,导致停机,及时检测风机是否损坏,或有异物混入风机风叶内干涉风叶转动。

（3）由于设备保护完善,只要进行正常保养,设备很少会出现故障,若出现故障,可以在触摸屏或健康监测系统查到故障原因,进行及时维修。

（4）在除湿系统中有自动/手动转换开关,若主控PLC出现故障,可直接切换为手动控制,避免了整套系统的停运,大大缩短了故障停机时间,从而更好地保护了整套除湿系统的硬件设备和正常运行。

8.10.2 保养注意事项及程序

除湿设备的内部有较高的电压,在进行任何的保养工作之前,应确保除湿机的电源已切断。除湿设备的内部有高温区域（再生加热）,应让机组和所连接的管道冷却下来后再进行保养。机组的调节、保养和维修应由技术合格的技术人员进行,有关人员应清楚地知道除湿机内部有高温和高压。检查和保养程序见表8-20。

检查和保养程序　　　　表8-20

部件	检查和保养程序	
	6个月	12个月
处理空气和再生空气过滤器	清扫过滤器,如果过滤器比较脏,应更换过滤器	清扫过滤器,如果过滤器比较脏,应更换过滤器
机组组成和壳体	检查有无机械上的损伤,按要求清扫机组的内部和外部	检查有无机械上的损伤,按要求清扫机组的内部和外部

续上表

部件	检查和保养程序	
	6个月	12个月
处理空气和再生空气风机	检查有无机械上的损伤，按要求清扫电动机和风机的壳体	在电动机壳体表面的冷却沟槽中的灰尘和杂物必须清除，检查电动机的接线端子，确保接线不松动。检查风机的叶轮有无损伤，如有腐蚀迹象，应立刻采取措施。检查风量并按要求调整风阀，请参阅机组的操作
转轮驱动电机总成	检查驱动皮带表无损伤的迹象和安装是否合适	检查电动机的接线并确保接线没有松动，检查有无损伤和过热的迹象
电控盘和接线	检查电控盘中的部件和接线有无损伤和过热的迹象，确保没有接线松动	检查电控盘中的组件和接线有无损伤和过热的迹象
再生加热器	检查接线有无松动	清除滞留在加热器舱底上的杂物和灰尘，确保没有松动
除湿转轮	检查有无过热和堵塞的迹象，清除转轮表面的灰尘	检查有无过热和堵塞的迹象，清除转轮表面的灰尘
转轮密封圈和橡胶软管	检查有无损伤和移位的迹象，如果有磨损或损伤，应更换	检查有无损伤和移位的迹象，如果有磨损或损伤，应更换
风管的连接	检查有无空气泄漏，与机组的连接是否正常	检查有无空气泄漏，与机组的连接是否正常；检查内部有无灰尘和损伤
湿度/露点控制	检查所有外接湿度探头的工作情况并按要求进行校准	检查所有外接湿度探头的工作情况并按要求进行校准

第 9 章

运营管理

9.1 风险点识别

龙江特大桥在运营期将面临大量风险事件。按照《公路桥梁和隧道工程设计安全风险评估指南》的规定,将大桥运营期的风险事件等级分为四类。不同等级的风险需采用不同的风险控制对策与处置措施,结合风险评价矩阵,通过对风险事件的收集及评估,针对不同等级风险的接受准则和相应的控制对策,制定运营期风险总体评估结果,实现全面的风险识别。风险水平等级矩阵见表9-1,风险水平接受准则见表9-2。

风险水平等级矩阵 表9-1

风险损失	风险概率				
	1	2	3	4	5
1	Ⅰ	Ⅰ	Ⅱ	Ⅱ	Ⅲ
2	Ⅰ	Ⅱ	Ⅱ	Ⅲ	Ⅲ
3	Ⅱ	Ⅱ	Ⅲ	Ⅲ	Ⅳ
4	Ⅱ	Ⅲ	Ⅲ	Ⅳ	Ⅳ
5	Ⅲ	Ⅲ	Ⅳ	Ⅳ	Ⅳ

风险水平接受准则 表9-2

风险等级	要求
Ⅰ	风险水平可以接受,当前应对措施有效,不必采取额外技术、管理方面的预防措施
Ⅱ	风险水平有条件接受,工程有进一步实施预防措施以提升安全性的必要
Ⅲ	风险水平有条件接受,必须实施削减风险的应对措施,并需要准备应急计划
Ⅳ	风险水平不可接受,必须采取有效应对措施将风险等级降低到Ⅲ级及以下水平;如果应对措施的代价超出项目法人(业主)的承受能力,则更换方案或放弃项目执行

9.2 安全管理工作

龙江特大桥是云南至猴桥口岸的重要交通枢纽。大桥安全管理的范围包括整个安全保护区范围,在大桥安全保护区范围进行相关作业之前或进行可能影响大桥安全的项目前,须评估对大桥的影响程度。

(1)龙江特大桥旁设有桥管站负责大桥的安全值守,主要负责安全巡逻、现场处理各种突发事件、防止车辆在桥上乱停乱放、防止人为破坏大桥设施、守护大桥的重要部位、检查标志标牌是否完善。

(2)大桥设施安全由腾冲分处按计划核对健康监测系统,并每月对设施进行经常检查,以便及时发现和消除安全隐患,确保大桥安全。加劲梁最大挠度在1/4位置,最大下挠值为

2.99m。

(3)为了保障大桥的安全,按照管理处制定的龙江特大桥专项突发事件应急预案适时组织演练。应急预案按相关规定及时修编。

9.3 桥梁保护区管理

根据《中华人民共和国公路法》《公路安全保护条例》等法律法规的规定,为进一步加强高速公路桥梁保护区管理,确保公路及其桥梁的安全运行,建立公路红线范围内及建筑控制区内(高速公路用地外缘向外不少于30m)的巡查和协同处理机制。

(1)检查有无堆放物品、倾倒垃圾、挖沟引水、采石、取土、采空作业、焚烧物品、利用边沟排放污物或者进行其他损坏、污染和影响道路桥梁畅通的行为。

(2)检查有无采矿、采砂(石)、取土、爆破、抽取地下水、架设浮桥以及修建其他危及桥梁安全的设施。

(3)检查有无利用桥梁(含桥下空间)、堆放物品、搭建设施以及铺设高压电线和输送易燃、易爆或者其他有毒有害气体、液体的管道。

(4)检查有无损坏、擅自移动、涂改、遮挡桥梁附属设施或者利用桥梁附属设施架设管道、悬挂物品。

9.4 重要部位进出口的管理

加强大桥重要部位进出口的管理,包括以下方面:一是安装防盗门锁;二是进行实时视频监控;三是加强巡逻检查;四是加强进出管理制度,未经批准,非工作人员不得擅自进入,工作人员不得单独进入;对进入的其他人员须有工作人员陪同。所有进出人员做好进出登记。对进入人员要严禁烟火,严禁携带易燃、易爆物品;严禁携带具有腐蚀性的液体等有可能危及结构安全的物品。通道内必须配备必要的消防器材,设置防爆照明设施。在入口设有记录表,做好进入时间、人员、姓名、单位、出口时间等记录以备检查。有检查人员进入时,入口处应有人员守护或采取安全措施,防止意外。

9.5 桥上施工安全管理

加强对大桥上安全施工的管理,建立健全安全生产责任制,坚持实行主要负责人为安全生产第一责任人制度、安全生产例会制度、安全生产教育制度、安全生产台账制度。进入大桥作业的人员开工前必须交底,过程中对照管理规定进行检查,完工后进行安全施工总结。

开工前首先与承包人之间签订安全合同,明确各方的安全生产责任和义务,加强安全生产教育,坚持安全生产例会制度、安全生产检查制度,发现安全隐患立即整改。

(1)养护作业应按照《公路养护安全作业规程》(JTG H30—2015)相关规定实施。养护作业人员应按有关规定佩戴安全帽、保险带,穿着反光服、救生衣。作业现场应根据相关规定要求设置明显标志和采取有效的安全措施,以保障作业人员和作业机械、作业机具与设备、通行车辆的安全。处于大雾、大雨、6级(举伞困难)以上大风、洪水、冰雪等恶劣环境时,应暂停养护作业。

(2)龙江特大桥检查宜结合桥梁实际情况适当限制交通(含封闭应急车道),日常巡查、经常检查可不封闭交通。定期检查可不限制或封闭交通。对于必须要限制或封闭交通的检查项目,宜选择车辆较少的时段短时间封闭或限制交通。特殊检查应根据需要确定是否限制或封闭交通。

(3)养护维修过程中,应根据需要确定是否限制或封闭交通。检查、维修过程中,当需要限制或封闭交通时,应制订完善的方案,并根据要求办理相关手续,提前向社会公众发布。当采取限制交通或封闭交通措施时,应根据交通管理的相关要求,在适当的位置安放醒目的标志。

(4)龙江特大桥结构密闭空间养护作业要求:进入箱梁、索塔及锚碇内部养护作业时,应办理相关手续并应向管理部门通报,监控部门记录备案后方可开灯进入。离开时应再向监控部门通报,确认箱梁、索塔及锚碇内部无其他作业人员后方可关闭进口人孔。对于箱梁、索塔及锚碇内部养护作业,每次作业应有3人以上同行,其中留1人在出口处守候,以便遇紧急情况时及时救援。进行箱梁、索塔及锚碇内部养护作业时,应携带手电筒或其他光源等以及手机、对讲机等通信联络设备,确保内部照明和通信联络正常。养护人员作业时必须佩戴安全帽。当结构内部温度过高时,不宜进入箱梁、索塔及锚碇内部实施长时间养护作业。

(5)对于检修通道,应确保通道设施及人员通行安全。桥梁养护作业影响范围内,应布置养护作业控制区;对影响净高或净宽的养护作业,应布设限高或限宽标志。应在养护作业迎车方向设置安全防护设施,夜间应设置警示信号。应确保检修车、塔式起重机笼、电梯、桥检车等设施处于良好状态,由相关资质人员操作,载重不得超过设备容许值。处于大雾、大雨、6级以上大风、冰雪等恶劣环境时,严禁使用检修车、塔式起重机笼与桥检车。

9.6 超限车辆过桥管理

本节所指的超重车辆为超出龙江特大桥设计承载能力、需采取特定的管理、技术措施才能通过桥梁的特殊车辆,一般是指运输不可分开的超重货物时,其车辆总重或轴重、轮重超过设计荷载的车辆。有的车辆不按额定载重量违规超载,超过桥梁设计承载能力,这属于应当纠正的行为,不是本节所指的超重车辆。

超重车辆过桥,最基本的要求是在超重车辆安全过桥的同时,桥梁结构不致因此而受损。原则上不允许超重车辆过桥。在特殊情况下,需按程序办理有关手续,得到批准后,方可允许过桥。

超重车辆过桥前,应对桥梁进行一次全面检查。过桥期间,应对受力最不利部位进行应变和挠度监测。过桥后应对桥梁结构再次进行全面检查,并与车辆过桥前状态进行对比,确认是否已对桥梁结构产生损伤。

(1)过桥车辆荷载超过大桥限载能力时,应对桥梁结构强度、刚度及稳定性进行验算,确定大桥是否需要采取加固措施,必要时应通过荷载试验确定桥梁的承载能力。经计算满足安全指标时,方能允许超重车辆通过;如不能满足安全指标,则须采取加固措施。

(2)超重、超限车辆过桥的结构验算、加固设计或加固方案应由云南省交通投资建设集团有限公司委托的单位完成。

(3)超重、超限车辆过桥以前,须行政审批提交超重车辆运行申请,获批准后,按规定的时间、线路及通行要求,联系管理处工作人员。

(4)超重、超限车辆过桥时,应临时禁止其他车辆通行。

(5)超重、超限车辆均应沿桥梁的中心线或指定的重车道行驶,偏离不得超过50cm。

(6)超重、超限车辆不得在桥上制动、变速、停留。过桥时须慢速行驶,一般情况下车速不得超过5km/h。超重、超限车辆通行时,管理处须派人随时观察、检查桥梁有无位移、变形、裂缝扩张等,并做好记录。

(7)行进过程中的检查。在行进过程中,利用桥梁健康监测系统,主要应对主桥挠度、桥面线形变化和裂缝开展情况进行跟踪测量。

(8)超重车辆通过后的检查。超重车辆驶离主桥0.5h后,首先应当对桥面线形变化进行测量,看是否留下残余挠度,同时可结合桥梁健康监测系统的评估结果进行检查。然后组织人员查看桥面及加劲梁箱内有无可见的裂缝、伸缩缝有无损坏。如有损坏,应组织有关专家讨论修复或其他处理方案。此外,还应对锚室顶板、桥墩及支座等进行检查。

9.7 易燃易爆及危险品运输车辆在主桥抛锚

(1)当监控人员、桥管人员、服务区保安发现装载危险物品及易燃易爆的车辆在主桥抛锚不能行驶时,通知桥管站负责人带领队员迅速赶赴现场,后报告路段指挥中心,指挥中心报分处安全工作领导小组领导(晚上通知分处长)及交警、路政部门,现场组在易燃易爆及危险品运输车辆后方100m处设置安全警戒线和醒目的标志牌,打开警笛。

现场组在易燃易爆及危险品运输车辆起火后进行双向交通管制,设置安全警戒线和醒目的标志牌,打开警笛。

(2)工作人员在该车的管制位置身穿反光背心,手执指挥棒,指挥车辆等待通行,同时确保易燃易爆及危险品运输车辆的安全。

(3)立即对该车装载危险物品进行核实,确认有无撒漏或密封不好等情况。了解该车故障后立即向有关部门报告(如:地方政府、消防特勤中队、环保、公安等)。

(4)禁止驾驶员在桥上修车或停留,监控人员通知交警立即联系拖车进行拖移,在拖移过程中派专人协助交警做好牵引工作和交通指挥工作。

(5)将该车拖移至远离主桥和人群密集的地方进行修复,同时设置好交通标志,给予驾驶员力所能及的帮助,待易燃易爆及危险品运输车辆修复离开后再撤离现场。

9.8　发生车辆失火

（1）当分处应急处置小组接到大桥上有车辆失火的报告后，各应急小组成员在2～5min时间内调动消防车赶到现场，并立即对现场设置安全警戒线，疏散人群，对大桥的重点要害部位派专人值守。

（2）立即向119报警，并说明火灾的位置和现场情况，请求救援。在报警的同时用自备的消防车进行扑救，同时向管理处报告现场情况和处理措施。管理处向公司分管领导报告。

（3）如果火势较大无法控制，为了防止引发其他事故的发生以及车辆爆炸，禁止后面车辆驶入桥梁，以减轻大桥的荷载，由现场警卫组对车辆进行疏导，以避免事故扩大。根据火势的情况，现场指挥员要果断地作出决定，临时对大桥实行交通管制。待火势被控制或扑灭后经确认无隐患时再开放交通。对现场局部继续施行封闭，待安全应急相关部门现场勘察完毕后再开放交通。

（4）做好现场的勘察笔录和设施损失情况记录，并对现场进行摄像，将摄像作为资料保存。

（5）如果火灾发生处的主缆距桥面的高度较低（如10m以下），则需检查主缆防护及缠丝系统有无变化。若主缆的防护及缠丝系统损坏严重，还要进一步查看主缆的钢丝是否也受到损伤，火灾或撞击影响范围内的加劲梁是否完好，各根吊索或主缆及其有关连接件是否受损。根据大火或撞击期间健康监测记录的吊索索力值，分析吊索索力有无变化。

（6）查看桥面中央分隔带或其他部位的通信及照明管线、安全监测系统等有无损坏。有害化学液体污染桥面和拉（吊）索时，首先要查清其化学成分，使用合适的清洗剂及时清洁，以免桥面及拉（吊）索腐蚀。如果交通事故殃及关键部位，要组织专家研究，确定方案，及时整治。对于撞坏的栏杆或护栏，应立即设置临时防护措施。毁损如对桥梁安全有较大影响，应上报上级主管单位，采取相应交通管制的措施。

9.9　发生大风、暴雨、雷击

（1）接到风灾即将到来的预报时，利用风速观测仪自动记录风速随时间变化的历程曲线，可得到最大风速以及来风方向与加劲梁的攻角。

（2）大桥各部位的风灾响应观测与分析：利用安装的加速度传感器及位移传感器，自动记录加劲梁的加速度和振幅随时间的响应历程。风灾过后对记录到的信号进行频谱分析，确定结构在本次暴风期的最大响应。通过对上述信号的频谱分析，可以得到结构的最大响应，为验算结构的有关特性提供依据。

（3）加劲梁各接缝情况：暴风过后，应仔细查看桥面、伸缩缝、加劲梁各接缝以及吊耳孔等，检查其是否开裂、是否具有不可恢复的变形。这项检查一般靠人工进行。

（4）主塔偏移：利用安放在主塔承台上的监控摄像机测量主塔偏移，记录塔顶偏移的时间历程。风灾过后对记录进行分析，确定分析结果。

（5）风灾过后，必须检查主缆和吊索系统有无损坏。主要检查内容包括：主塔有无不可恢复的偏移，主缆、吊索有无损伤、断丝，吊索和索夹的高强度拉杆、螺母等是否变形和松动。

（6）风灾过后，必须检查主鞍座、散索鞍座、加劲梁的各支座等是否处于正常位置和完好状态。

（7）桥上附加电器、照明管线情况等。应仔细检查桥上各种附加电器，诸如路灯、塔柱射灯、塔内照明设施、箱内照明设施、航空障碍灯、避雷设施、安全标志等是否完好、有效。

（8）当发生大风、暴雨、雷击造成桥上设施设备损坏，出现重大安全隐患，分处应急小组在接到桥管站、监控或群众报告后，迅速赶赴事发现场。

（9）到达现场后，按照各应急小组的职责，在现场设立安全警戒线，立即采取切断电源、疏导交通、抢拆设备、排除障碍等措施，并立即报告养护科、安全科和分管领导，及时排除安全隐患。

（10）如管理处力量无法对现场设备排除故障时，应迅速向就近的政府、公安、消防、交警等请求支援。

（11）现场处置组及时将事发现场的情况以及采取的相关措施向公司部门和公司分管领导报告。

（12）管理处接到情况报告后及时向中心指挥组报告，并迅速带领增援组赶赴现场进行指挥和处置。

（13）现场勘察组人员对事发现场做好资料收集，对抢险救灾的过程进行摄像。

9.10 危险品运输车辆通过大桥发生泄漏

（1）实施警戒。应急小组成员到达现场后，应在第一时间组织力量对危险区域实施控制，在事故现场划分警戒区、轻危区、重危区，设置警戒线；一般情况下全桥封闭交通，对下风方向或泄漏量比较大时要扩大警戒区，暂时封闭交通，并立即向中心指挥组报告和相关职能部门求救支援（如消防119、公安110、交通122、救护120等）。

（2）清除火源。迅速熄灭警戒区内的所有明火，关闭电气设备，包括手机等通信工具；车辆熄火，并注意摩擦、静电等潜在火源。

（3）维护秩序。对危险区严加控制，以防人员、车辆误入危险区；在事故路段的主要进出口设安全检查站，控制车辆进入，保证抢险救援车辆通行。

（4）组织人员撤离。对危险区域内的人员应及时组织疏散至安全地带（上风或侧上风方向），在污染严重、被困人员多、情况比较复杂时要注意自身安全。

（5）及时关闭径流收集系统下方收集池出水口。

9.11 大桥重点要害部位发现可疑车辆

(1)当监控、保安、桥管站在大桥重点要害部位发现有可疑车辆停放时,监控人员必须将摄像对准车辆进行监控。

(2)工作人员立即通过对讲机向桥管站领导报告,迅速向可疑车辆靠近,牢记车牌号和车辆的特征,查明车辆停放的原因以及车辆装载的物品等情况后,立即向分处领导报告,并尽量查明车上人员的身份,督促驾驶员离开。

(3)如发现车辆装载物和人员有可疑之处,要立即向110报告,同时向管理处指挥中心报告情况,并加强人员对该车人员及物品进行严密控制,待公安人员来处理。

9.12 大桥重点要害部位发现可疑人员破坏设施

(1)当大桥重点要害部位发现有形迹可疑人员时,监控及桥管站人员要特别提高警惕,监控必须将摄像对准可疑人员,进行跟踪。特别要注意观察该可疑人员的同伙情况以及携带的工具、材料等。

(2)当发有异常现象出现时,如翻越栏杆、翻越钢拱、丢弃可疑东西物品以及设置障碍物等异常情况时,立即报告桥管所领导。

(3)桥管站得到准确信息后,立即组织全体应急人员赶到现场,进行围堵。在行动处置前,应急小组领导要汇报现场情况,并向腾冲分处指挥中心请示采取的措施和行动方案。

(4)在处置过程中应急人员要反应灵敏、行动迅速、处置果断,同时要做好自身的安全保护,防止可疑人员身上携带其他凶器。应急人员将作案可疑人抓获后,扭送到派出所;如发现设施被盗后或遭到破坏,保护好现场,并对受损的设施采取临时措施,保证其他设施运行正常。

(5)应严禁人群在桥上集合、齐步走或齐步跑。如遇人群密集性的突发事件,应配合有关部门进行疏散,加强现场保卫,严密防止人为破坏。事件发生后,对涉及的结构要进行仔细检查。

9.13 地震

每接到即将有地震发生的预报,利用安装在主塔基础上的地震记录仪,连续记录地震加速度、结构幅值等结构效应。地震之后,应立即对结构进行全面检查,并对破损部位采取抢修措施,如损坏严重须邀请专家研究处理方案,尽快进行修复、加固处理。

地震,特别是烈度在6度及其以上的地震,会导致悬索桥悬吊部分大幅度摆动和主塔振动,悬索桥的塔、索、梁各部位处在一个强烈的耦合振动过程,常常会使悬索桥的有些部位损坏。因此,每当地震过后,一定要认真全面查看悬索桥各部位的完好性。检查的项目有:梁段之间的接缝是否完好;根据地震过程中位移监测值,分析梁端的纵、横向位移是否超过限值;各锚固点是否偏离原位或遭到损坏;根据地震过程中位移监测值,分析各支座与阻尼器是否偏离原位,并检查其是否遭到损坏;伸缩装置是否断裂;悬索桥主缆、吊索及其和主塔、加劲梁的连接是否完好;提取地震过程中索股索力、吊索索力的健康监测值,分析吊索索力是否异常;主塔身有无损坏,塔顶纵、横向位移是否超过限值;桥墩有无裂缝或脆性剪切破坏;基础有无损坏,地基是否完好;照明线路及其他用电设施是否完好;防震设施是否损坏。

地震过后,应立即对设置在主塔根部的固定地震观测台进行检查。将记录到的地震反应(如加速度或位移)时程曲线送至分析中心进行分析。分析出桥址的最大地震动加速度和持续时间。根据记录分析得到的最大加速度对结构进行地震响应分析,得出各关键部位的最大响应,如位移、内力等。

根据实测时程曲线进行频谱分析,得出加速度谱,即不同频率对应的加速度。此项分析,包括地震观测台的设置,应委托专门的研究机构或检测机构进行。

(1)地震后,保山管理处立即组织力量对桥梁设施进行检查,查看设施受损情况,若有人员伤亡应及时抢救。

(2)分处应及时将灾情报告保山管理处应急处置中心组;同时,应急处置中心组应及时将灾情汇总后报上级领导和有关部门。

(3)各应急小组人员应立即赶赴灾情较严重的现场,或赶赴应急处置中心组指定的地点,按各自职责展开应急救援工作。

(4)对存在安全隐患的供电线路或其他设施,应设置警示标志,必要时切断电源。

(5)根据现场设施受损的严重程度,必要时向上级请示封闭交通,禁止车辆和行人通行。监控室应妥善保存有关录像资料。

(6)地震后应视桥梁的受损情况,立即进行有关检测,并组织有关专家对桥梁的技术状况进行评估。

第 10 章

设施设备安全操作规程

10.1 机房设备安全操作规程

（1）使用者双手应干净，不得有油污、水分等。

（2）服务器安装在专业机房，专业机柜内周围环境应干燥、整洁、光线适宜，主机风扇口附近不能堆放其他杂物。

（3）沉积在显示器屏幕、顶部以及键盘的灰尘、碎屑等物，宜采用干净的湿软布（不得出现明水）轻轻擦拭，尽可能避免使用吹风机，最好使用键盘吸尘器。

（4）服务器主机箱后面的各种插线应梳理整齐，可用线扎将不同的线分开固定，并确保有一定的伸缩余量，插接方便。

（5）显示器上部不能放置纸张、书籍等类似物品，以免散热受阻。

（6）定期清洁机房、机柜、机箱。灰尘太多会使板卡之间接触不良，引起系统在运行中死机，因此机箱要随时清洁，不要让太多的灰尘积存在机箱中。

（7）坚持认真查杀病毒，及时更新病毒库。对来历不明的光盘或软盘，不要轻易使用，对邮件中的附件，要先用杀毒软件检查后再打开。

（8）按正确的操作顺序关机。在应用软件未正常结束运行前，勿关闭电源。定时清理系统，整理磁盘，避免多任务同时进行。在执行磁盘整理或用杀毒软件检查硬盘期间，不要运行其他软件，否则会增加系统负担，尽可能关闭磁盘共享，严禁在机房内饮食和存放食物，以防发生鼠害。

10.2 不间断电源（UPS）室安全操作规程

1）开机操作顺序

（1）合上 UPS 开关。
（2）确认主机屏后手动旁路开关处于"Normal"，如果不是，则由"Bypass"改为"Normal"。
（3）合上整流开关，由"0"改为"1"。
（4）合上蓄电池开关。
（5）开启 UPS 前面板"ON"按钮，持续约 3s 后，听见"滴"一声，即开机成功。

2）关机操作顺序

（1）关闭 UPS 前面板"OFF"按钮。
（2）断开蓄电池开关。
（3）将整流开关，由"1"改为"0"。
（4）断开 UPS 开关。

3）手动旁路操作顺序

（1）关闭 UPS 前面板"OFF"按钮。

(2)将主机屏后手动旁路开关由"Normal"改为"Bypass"。
(3)将整流开关,由"1"改为"0"。
(4)断开蓄电池开关。

10.3　低压配电室安全操作规程

(1)电工必须持证上岗,经过专业机构培训。
(2)值班人员负责低压配电室日常巡查工作。
(3)低压配电室要做到不定时24小时巡视,每2h巡视各配电柜一次。每班不少于两次,并做好相关的记录。
(4)非工作人员进配电室,须经相关主管人员同意,且有人员陪同时方可进入。
(5)低压配电室内停送电操作必须由持证值班电工按操作规程操作,操作完毕应在值班记录上详细记录并向接班人员交代清楚。
(6)值班人员应按规定对配电室设备进行巡查,做好巡视记录,用电高峰期,风、雷、雨天气时应加强巡视,发现问题及时处理,不能解决的问题应及时报告上级领导。
(7)配电柜开关供电线路应设有明显标识,如分合闸指示牌、资料卡等。检修停电,必须悬挂标识牌。任何人不得随意移位或破坏标识牌。
(8)配电室内禁止乱拉,乱接线路,供电线路严禁超载运行,严禁违章违规操作,操作及检修时必须按规定使用电工绝缘工具、绝缘鞋、绝缘手套等。
(9)照明和通风设施良好,温度保持在40℃以下。

10.4　配电柜安全操作规程

1)供电局电网停电后,配电柜操作顺序

(1)断开各负荷开关。
(2)断开各负荷刀闸。
(3)断开低压柜总刀闸。
(4)断开高压柜总刀闸。

2)启动前检查

启动发电机前,打开油阀,检查水箱、油箱是否加满,机油是否足够,然后启动发电机,空载运行0.5~1min后合上发电机空气开关(冬季低温时空载至少运转3min),然后切换自发电刀闸,最后合上自发电源供电的各负荷刀闸、开关。

3)发电机停电顺序

(1)断开各负荷侧开关、刀闸。

(2)切换自发电刀闸。

(3)断开发电机空气开关,待发电机空载运行1~2min才停电。

(4)恢复送电顺序：

①合上高压柜总刀闸。

②合上低压柜总刀闸。

③合上各负荷刀闸。

④合上各负荷开关。

(5)并联电容器组在正常情况下,停电、送电操作顺序：

①全站停电操作时,先拉开电容器组开关,后拉开各路出线开关。

②全站送电操作时,先合各路出线开关,后合电容器组开关。

(6)高压断路器和高压隔离开关倒闸操作的具体顺序：

①如高压断路器和隔离开关串联使用,在停电操作时,应先拉断路器,后拉隔离开关；在送电操作时,应先合隔离开关,后合断路器。

②高压断路器两侧均有隔离开关,在停电操作时,应先拉开断路器,然后拉开负荷侧隔离开关,最后拉开电源侧隔离开关；在送电操作时,应先合上电源侧隔离开关,再合上负荷侧隔离开关,最后合上断路器。

10.5　高压配电室安全操作规程

(1)配电室必须设立巡检记录,并定期巡检,配电室内各配电柜柜门必须关闭,显示仪表必须正常完好。

(2)高压电气操作工必须具备电气基础知识和维护保养技能,并经专业技术培训,考取电工作业证后,方可持证上岗。

(3)高压电气操作工必须熟悉本配电室的供电系统及运行方式,对电气设备检修时,要将上级控制断路器停电,执行验电、放电、挂接地线、挂停电牌步骤,并严格执行高压停送电制度。

(4)配电室高压操作,必须执行电气工作票、操作票制度,严格执行"一人操作,一人监护"和"手指口述"安全确认制度。

(5)停电的步骤：断开各负荷用电开关—断开低压1号断路器—断开1号主变断路器—断开高压进线断路器—拉开室外高压隔离开关。

(6)送电的步骤：合上室外高压隔离开关—合上高压进线断路器—合上1号主变断路器—合上低压1号断路器—合上各负荷用电开关。

(7)配电室高压设备的任何操作,必须戴绝缘手套、穿绝缘靴并站在绝缘垫上,操作人员与带电体间的最小距离要符合安全规程规定(10kV,0.7m)。

(8)操作中如有疑问,须向负责人汇报情况后再操作,不得违章操作,不准擅自更改电气工作票、操作票。

10.6 监控室安全操作规程

（1）监控室是机要重地,除监控人员和安全主管部门人员外,其他人员禁止入内,特殊情况必须经安全主管部门许可方可入内。

（2）监控员应正确使用设备,保持设备完好,确保录像完整,并认真做好当班记录,如实反映当天发生的事情和监控、消防报警系统设备的运行状况。

（3）监控员在上班前做好准备工作,工作时间不得擅自离岗,禁止看书、看报、打游戏和收听收音机,禁止上班时间打瞌睡。

（4）监控员应对监视录像资料必须严格保密,发现重大隐情严禁泄密,有关涉及公司工作上的信息除及时向主管安全负责人汇报外,不得向公司内外任何人透露。

（5）其他部门需要查看监控录像或计算机存储信息,必须事先经主管领导同意,监控员根据提出的要求查看相关的录像资料,并将填写好的查看记录结果提供给领导。

（6）仔细观察各重要位置的情况,对可疑的镜头进行抓拍和做好记录。为了确保工作质量,允许监控员每小时有 10min 的眼睛调节时间,其间不得离开岗位,不得违反劳动纪律,也不可将每小时的调节时间集中使用。

（7）必须保证监控室 24 小时不离人。

（8）监控室禁止吸烟,做好清洁卫生工作,始终保持室内场地、设备外表清洁和物品摆放整洁。保持良好的工作环境。

10.7 发电机安全技术操作规程

（1）启动发电机前,应检查燃油箱油量是否充足、各油管及接头处无漏油现象;冷却系统水量是否充足、清洁、无渗漏,风扇皮带松紧是否合适。检查内燃机与发电机传动部分应连接可靠,输出线路的导线绝缘良好,各仪表齐全、有效。

（2）启动发电机后,应低速运转 3~5min,待温度和机油压轮均正常后,方可开始作业。发电机在升速中应无异响,滑环及整流子上电刷接触良好,无跳动及冒火花现象。待运转稳定,频率、电压达到额定值后,方可向外供电。

（3）运行中出现异响、异味、水温急剧上升及机油压力急剧下降等情况时,应立即停机检查并排除故障。

（4）发电机功率因数不得大于 0.95（迟相滞后）,若功率因数超过 0.95,会导致发电机的无功出力过大,使发电机定子和转子的电流增加,从而引起发电机发热加剧,降低发电机的效率,缩短发电机的使用寿命,还可能会影响电力系统的稳定性和电压质量,增加线路损耗等。

（5）停机前应先切断各供电分路主开关,逐步减少荷载,然后切断发电机供电主开关,将励磁变阻器复回到电阻最大值位置,使电压降至最低值,再切断励磁开关和中性点接地开关,最后停止内燃机运转。

10.8 电梯安全操作规程

（1）电梯运行、维修时，需有2人以上，电梯基站至少有一名专职值班人员，电梯使用人员均需配备无线对讲机，以确保电梯故障或其他紧急情况时，电梯使用人员与值班人员能够保持联系。

（2）在开启厅门进入轿厢前，须注意电梯的轿厢是否停在该层。

（3）电梯正式运行前必须空载试运行1~2次，当一切装置均处于正常状态时，方能正式运行。

（4）为了防止电梯在超载情况下运行，必须限制进入轿厢的人数或货物的重量。

（5）对于载货的情况，轿厢内的货物应放置稳妥。运送金属或笨重货物时应轻放轻移，防止砸坏轿厢底。

（6）不允许装运易燃易爆危险品，如遇特殊情况，必须经有关部门批准，并采取安全保护措施。

（7）不得以电梯层门或轿门的启闭作为电梯运行和停止的开关，不得用扳动电源开关或按急停按钮等作为一般正常运行中停车操作。

（8）在救援和撤离人员时，必须按下急停按钮或安全开关。

（9）电梯司机、电梯管理人员发现电梯出现故障时，不得随意对电梯设备进行检修、调试、拆换电气元件和机械零件，应及时通知专业检修人员进行检修，并协助检修人员完成合适的工作，不得随便离开自己的岗位，非专业检修人员不得上电梯轿厢顶。

（10）等候装卸货物或乘客时，司机及其他人员不得站在轿厢门与层门之间，应站在轿厢门内或层门外等候。

（11）司机应劝阻乘客不要在轿厢内抽烟、乱丢杂物、打斗、蹦跳，不要靠在门上。督促乘客遵守乘梯守则，文明乘梯。

（12）只有持证的电梯作业人员和管理人员能持有电梯钥匙和操纵电梯。电梯专用的三角钥匙应与电梯操纵盘上的钥匙分开保管，备用钥匙应存放在电梯管理部门，并有专人负责保管，未经电梯管理部门同意，不得擅自动用。

（13）操作人员如离开岗位，离开前必须将电梯停在层站并锁好层门，并将电梯钥匙随身带离，不得将钥匙插在操纵盘上。

（14）操作人员不得将电梯钥匙、电梯专用三角钥匙给未经过培训的人来操纵和使用电梯。

（15）电梯使用完后，在1楼层站处，将电梯钥匙拧到"锁梯"位置，待电梯自动到达基站并完成开、关门后，切断电梯的总电源，锁好索塔塔门。

10.9 检查车安全操作规程

（1）风力在六级以下才可启动系统，当风力超过六级，检查车将自动停车，绿色系统启动灯熄灭，待风速减小后，方能重新启动系统。风速可以通过风速仪显示器观察到。

(2)检查车在运行的过程中,如遇紧急情况,操作手可直接拍下操作柜面板上的"急停按钮"。

(3)检查车在运行时,操作手不能离开操作柜面板,以使在紧急情况时可以及时作出反应。

(4)未经培训及无上岗资质人员严禁操作。

(5)应保持操作面板干净整洁,使用完毕后应盖上防尘盖。

(6)应定期检查编码器能否可靠工作。

(7)应定期检查所有的接线和端子,查看有无松动脱落现象,一旦发现应对其进行紧固。

(8)应定期检查线缆有无破损、老化现象,发现后应采取绝缘措施或立即更换。

(9)应定期检查检查两侧液压制动器是否存在漏油。连接处采用的是螺纹连接,由于热胀冷缩作用,轻微漏油属于正常现象。

(10)在对线缆和电气元件进行更换时,应保证更换后的线缆和电气元件与原件型号、规格相同。

(11)当电池管理系统显示器上显示电量低于30%时必须对锂电池进行充电。

10.10 自备电源投、切安全操作规程

1)开机前的准备工作

(1)检查柴油机曲轴箱机油位是否正常,检查冷却水箱有无冷却水(机油、冷却水应加够)。

(2)打开柴油阀,使燃油管路畅通。

(3)人工检查运动部件有无卡滞现象。

(4)检查启动电机电流是否满足启动要求。

(5)检查水泵、机油泵、风扇传送带是否正常。

(6)以上检查确认正常后启动发电机。

2)启动

(1)合上启动电源开关,启动。

(2)柴油发电机启动后,空载运行5min,确认冷却水温、机油温度正常后配电。

(3)合上发电机输出开关,断开市电,合上配电柜上发电分配刀闸开关,按用电要求配电。

3)运行中的管理

(1)发电机运行中必须派专人值班,值班中注意机油压力、水温等情况。

(2)值班中注意发电机有无异味、异响,有异味、异响应停机检查,并汇报设备科处理。

4)停机

(1)卸去负荷,合上市电刀闸,分开发电机输出端刀闸,待发电机空载运行5~10min,油、水温降至40~55℃时停机。

(2)为保持应急柴油发电机干净整洁,停机后对机身做好清洁。

5)维修、保养

(1)柴油机整机一般使用2500~3000h后应中修,维修内容包括对活塞、连杆、曲轴及凸轮轴等关键部件进行更换或修复。

(2)使用康明斯专用机油,机油连续使用250~300h后更换机油和机油过滤器。

(3)柴油过滤器、水过滤器的维修和保养视使用情况而定。

(4)蓄电池每天充电一次,保证发电机可随时起动。

附录

附录1　各参建单位技术支持联系方式

各参建单位技术支持联系方式　　　　　　　　　　　　　　　　　附表1-1

序号	分类	具体单位
1	建设单位	云南龙江特大桥建设指挥部
2	设计单位	云南省交通规划设计研究院/中交公路规划设计研究院设计联合体
3	监理单位	中国公路工程咨询集团有限公司
4	土建A合同段施工单位	中交第二公路工程局
5	土建B合同段施工单位	中交路桥建设有限公司
6	钢箱梁及检查车制造单位	中铁宝桥集团有限公司
7	钢桥面铺装及路面工程施工单位	重庆市智翔铺道技术工程有限公司
8	混凝土涂装工程	镇江蓝舫工程科技有限公司
9	主缆、吊索防护及除湿系统施工单位	镇江蓝舫工程科技有限公司
10	阻尼器制造单位	北京奇太振控科技发展有限公司
11	主桥伸缩缝制造单位	玛格巴（上海）桥梁构件有限公司
12	索鞍及索夹制造单位	四川天元机械工程股份有限公司
13	主缆及吊索制造单位	上海浦江缆索股份有限公司
14	支座制造单位	成都市新筑路桥机械股份有限公司
15	索塔电梯制造及安装施工单位	苏州富士精工电梯有限公司
16	钢结构第三方检测单位	中铁大桥局集团武汉桥梁科学研究院公司
17	钢结构第四方检测单位	中国船级社实业公司重庆分公司
18	路面监控、咨询单位	招商局重庆交通科研设计院有限公司 道路与岩土工程分院新材料研究所
19	施工监控单位	西南交通大学
20	土建监理单位	中国公路工程咨询集团有限公司
21	沿线设施施工单位	云南华茂建筑工程有限公司
22	沿线设施监理单位	云南云岭高速公路工程咨询有限公司
23	桥梁健康监测、管养系统实施单位	中铁大桥局集团武汉桥梁科学研究院有限公司（按原运管公司与龙江特大桥签订的合同保修期至2022年4月1日，建议保山管理处进行验收确保监控检测系统与养护系统正常后进入维护期,2022年4月1日至2027年3月30日5年维护期间）
24	照明工程施工单位	贵州恩纬西光电科技发展有限公司
25	机电工程施工单位	亿阳信通股份有限公司
26	机电工程咨询单位	云南省交通科学研究所
27	机电工程、交通工程监理单位	云南纪星交通工程监理咨询有限公司

附录2 桥梁基本情况

桥梁基本情况　　　　　　　　　　　　　　　　　　　　　　附表 2-1

序号	项目	值
	行政识别数据	
1	路线编号	G5615
2	路线名称	天猴高速公路
3	路线等级	高速公路
4	桥梁编号	G5615530581L1234
5	桥梁名称	龙江特大桥
6	桥位桩号	K21+173
7	功能类型	公路
8	下穿通道名	M44县道
9	下穿通道桩号	K20+100
10	设计荷载	公路—Ⅰ级
11	桥梁坡度	桥梁最大纵坡：<4.552%；桥面横坡：双向2.0%
12	桥梁平曲线半径	直桥
13	建成时间	2016年4月
14	设计单位	云南省交通规划设计研究院/中交公路规划设计院有限公司联合体
15	施工单位	中交第二公路工程局有限公司/中交路桥建设有限公司
16	监理单位	中咨公路工程监理咨询有限公司
17	业主单位	云南龙江特大桥建设指挥部
18	管养单位	云南省交通投资建设集团有限公司保山管理处
	桥梁技术指标	
19	桥梁全长(m)	2235.16
20	桥面总宽(m)	22.5（全幅）
21	车道宽度(m)	20.5（全幅）
22	人行道宽度(m)	2.5
23	护栏或防撞栏高度(m)	1.5
24	中央分隔带宽度(m)	1
25	桥面标准净空(m)	5
26	桥面实际净空(m)	107m
27	桥下通航等级及标准净空(m)	不通航
28	桥下实际净空(m)	280
29	引道总宽(m)	24.5
30	引道线形或曲线半径(m)	$R1(430.568)$，$R2(714.778)$
31	设计洪水频率及其水位	1/300及1184.80
32	历史洪水位	1184.80
33	设计地震动峰值加速度系数	基本烈度Ⅷ度，根据实测地震动参数计算地震力

续上表

序号	项目		值					
桥梁技术指标								
34	桥面高程（m）		B48 左幅	Z0 左幅	T48 左幅	B48 右幅	Z0 右幅	T48 右幅
			1465.6319	1471.8348	1477.5508	1465.6404	1471.8538	1477.5508
35	桥梁分孔（m）		3×34+3×34+34+2×34+34	桥梁结构信息 5×40		1196	2×34+34+2×34+34+4×34+4×34	
36	结构体系		主跨1196m的单跨悬索桥，主缆分跨为320m+1196m+320m，上部结构采用具有良好抗风性能的扁平流线型钢箱梁。主缆矢跨比为1/10.5，主缆横桥向中心间距为25.5m，吊索顺桥向标准间距为12.4m。全桥采用简支结构体系，钢梁约束情况为：在保山岸索塔和腾冲岸索塔各设一对竖向支座、一对横向抗风支座和四套纵向阻尼装置					
37	上部结构形式、材料	加劲梁	预应力钢筋混凝土T梁	预应力钢筋混凝土箱梁	单跨流线型扁平钢箱梁		预应力钢筋混凝土T梁	
38		索塔	索塔采用门形框架结构，保山岸索塔包括塔冠、上塔柱、下塔柱、上横梁和下横梁以及附属设施，腾冲岸索塔包括塔冠、塔柱、横梁以及附属设施；塔柱为钢筋混凝土结构，横梁为预应力混凝土结构					
39		主缆	主缆在架设时竖向排列成尖顶的正六边形，紧缆后主缆为圆形，索夹内直径为719mm、索夹外直径为728mm，主缆间距25.5m，中跨理论矢跨比1:10.5。主缆采用预制平行钢丝索股(PPWS)，每根主缆由169股通长索股组成（边跨不设背索），每股索股（约1950m）由91根φ5.25mm、公称抗拉强度1770MPa的高强度镀锌钢丝组成。主缆采用缠包带+除湿系统进行防护					
40		拉索（含索力）	无					
41		吊索（含索力）	吊索设置于中跨，两岸桥内塔侧加劲梁第一根吊索距桥塔中心线水平距离均为15.2m，其余吊索水平间距为12.4m。采用公称直径为φ52mm、公称抗拉强度为1670MPa、结构形式为8×55SWS+IWR的钢芯钢丝绳；吊索两端锚头采用叉形热铸锚，锚头由锚杯与叉形耳板构成					
42	桥面系形式、材料	桥面铺装	引桥：10cm现浇混凝土+60mm SBS改性沥青AC-20C+40mm SBS改性沥青AC-13C。主桥：防水层+35mm浇注式沥青混凝土GA-10+35mm高弹改性沥青SMA-10					
43		伸缩装置	引桥：FD-80/FD-160；主桥：模数式伸缩缝伸缩量1920mm					
44		人行道、路缘	连续T梁：无；连续箱梁、主桥：聚氨酯复合地坪					
45		栏杆、护栏	连续T梁：钢筋混凝土防撞墙；连续箱梁、主桥：钢护栏					
46	下部结构形式与材料	桥台	轻型桥台/钢筋混凝土	轻型桥台/钢筋混凝土	重力式桥台/钢筋混凝土		轻型桥台/钢筋混凝土	
47		桥墩	圆端形变截面实心墩(除8号)/钢筋混凝土	圆端形变截面空心薄壁墩/钢筋混凝土	—		圆端形变截面空心薄壁墩(除22号)/钢筋混凝土	
48		锥坡、护坡	无					
49		翼墙、耳墙	钢筋混凝土	钢筋混凝土	—		钢筋混凝土	

续上表

序号	项目		值			
50	支座形式、材料与附属设施	支座	GYZF4φ500mm×112、GYZφ700mm×125、GYZF4φ700mm×128、GYZφ500mm×110	减隔震支座	横向抗风支座、竖向支座及纵向阻尼装置	GYZF4φ500mm×112、GYZφ700mm×125、GYZF4φ700mm×128、GYZφ500mm×110
51		桥梁防撞设施	无			
52		航标及排水系统	主桥:径流收集系统和航空障碍灯			
53		调治构造物	无			
…		…	……			
桥梁检测评定历史(根据需要设置行数)						
66	评定时间		2021年1月			
67	检测类别		定期检查			
68	桥梁技术状况评定结果/特殊检查结论		龙江特大桥主桥技术状况评分Dr为86.9分,属于2类桥梁,有轻微破损,对桥梁使用功能无影响			
69	处治对策		修复养护、预防养护			
70	下次检查年份		2022年			
养护处治记录(根据需要设置行数)						
71	时间(段)	开工	—			
		竣工	—			
72	处治类别	(维修、加固、改造)	—			
73	处治原因		—			
74	处治范围		—			
75	工程费用(万元)		—			
76	经费来源		—			
77	处治质量评定		—			
78	建设单位		—			
79	设计单位		—			
80	施工单位		—			
81	监理单位		—			
需要说明的事项(含桥梁管养单位的变更情况)						
82	附注		无			

续上表

序号	项目	值
		Ⅰ 其他
83	桥梁总体照片	
84	桥面正面照	
85	桥梁工程师	龚建臻
86	填卡人	邱大彦
87	填卡日期	2022 年 5 月 28 日

附录3　技术特性分析管养注意事项一览表

技术特性分析管养注意事项　　　　　　　　　　附表3-1

序号	桥梁结构特征	运营环境及荷载特征	技术特性分析管养注意事项要点
1	(1)龙江特大桥主桥为大跨径钢箱梁悬索桥； (2)扁平钢梁重量较轻； (3)吊索为长柔索结构； (4)大桥整个结构体系轻柔	大桥桥位区属于中切割高中山峡谷地貌，切割深度大，桥位路线设计线距离谷底约280m，山顶锥状，河谷呈V形，多见陡崖峭壁，溯源侵蚀强烈	(1)加劲梁、吊索在异常环境风荷载作用下可能出现动力失稳，发生严重影响使用的高水平结构风振； (2)长期高水平振动可能导致次生结构疲劳损坏以及附属结构破坏
2	大跨径钢箱梁悬索桥，柔性体系	保腾高速公路地处弧形构造带，地震活动频繁	(1)在偶然超限水平地震力作用下桥塔、墩柱结构控制截面内力以及支座等关键构件变形存在超限危险，危及结构安全； (2)同时附属构件可能破坏，影响结构耐久性和正常使用
3	(1)悬索桥体系，重力式锚碇； (2)第一受力体系(锚碇、主缆、鞍座、主塔)不可替换性	(1)近场区龙江阶地三级保存不甚完整； (2)雨量充沛，年均蒸发量大，相对湿度大	(1)锚固系统失效导致锚跨索股索力变化； (2)鞍座滑移改变主跨径、索夹滑移影响吊索受力和主缆耐久性
4	桥位区地处北亚热带气候区，结构材料主要为钢和混凝土	桥位区地处北亚热带气候区，雨量充沛，对桥梁结构材料腐蚀性明显	主缆、吊索、加劲梁等钢结构存在腐蚀危险性，长期不受控结构腐蚀发展将导致构件受力截面削弱、材料强度降低、结构承载力减退，可严重危及结构安全
5	大桥主桥结构复杂，规模宏大，结构和材料力学行为复杂，理论模型难以完全准确模拟和分析	运营期环境和交通荷载共同作用复杂，理论分析中难于准确模拟	设计中理论计算与实际结构运营力学行为状态的差异可能导致结构局部抗力和刚度先天不足，故在某些结构关键截面和构件存在强度破坏和过度变形的危险，威胁结构安全和正常使用
6	钢箱梁，导流板作为人行道	(1)四车道汽车、人群荷载； (2)边关重镇上的国际通道	(1)远期交通量的变化影响大桥使用性、长期耐久性； (2)桥面交通滞留影响结构安全，影响线路交通能力
7	腾冲岸主塔距离古滑坡体较近	索塔处高边坡安全性	远期加强周边山体检查，与地方政府联动，避免结构安全

附录4 季度经常检查记录情况汇总表

季度经常检查记录情况　　　　　　　　　　　　　　　　附表4-1

检查项目	系统名称	部件名称	缺损位置及病害描述（含检查发现时间）	整治进展状况	巡查频率、责任人、参考标准，无特殊备注的（1类2类1次/3月、3类4类1次/月）	日常养护及预防养护内容
1	桥面系	桥面铺装			有无修补不良、污染；沥青坑槽、开裂、车辙、拥包、混凝土破碎、裂缝、露骨等病害（桥管站、腾冲分处领导、养护科负责人）	桥面以人工清扫为主，每天不少于1次；日常养护含污染清洗，裂缝修补、坑塘滑移、鼓包等修复（详细修补办法及注意事项见办法内）；预防性养护主要为加铺抗滑磨耗层
2		防撞栏杆			有无破损、变形、锈蚀；构件缺失、移动或错位，栏杆、护栏底部固定连接破损（桥管站）	护栏清洗（现场脏污情况确定，清洗设备内严禁添加腐蚀性清洗剂）；螺栓锈蚀处理养护；防眩板修复更换；预防养护为定期涂装
3		人行道涂装			完好、清洁，无塌陷、积水现象（桥管站、腾冲分处领导）	同钢加劲梁
4		排水系统			落水管、水篦有无泄水孔堵塞、集中排水管破损、管节脱落（桥管站）	排水设施的清理和冲淤，桥面泄水孔、排水沟应每季度至少1次；泄水管应每年至少1次；雨季应适当提高排水系统的清理和冲淤频率。预防养护主要为排水管连接件除锈和防腐、排水管的修复工作
5		伸缩装置			有无填塞、密封橡胶老化破损，型钢或梳齿断裂、缺失，梳齿板伸缩装置螺栓松动、脱落，横梁与支撑松动、异常变形；滑动部件脱落、磨损；底部钢构件锈蚀；过车异响（桥梁工程师、腾冲分处领导、养护科负责人）	清洁和保养，伸缩装置的清洁每月不应少于1次；伸缩装置构件松动、脱落、积尘、排水口堵塞等轻微病害时，应及时处理；修补伸缩装置槽区混凝土轻微损坏、开裂，伸缩装置钢构件涂层轻微劣化或局部破损时，应进行维护性补涂；对需要润滑的构件表面进行清洁与上油
6	主缆体系	悬索桥主缆			有无防护层上表面破损，主缆与索鞍有无相对滑移（1类1次/4月、2类1次/3月、3类1次/2月、4类1次/1月）；有无主缆最低点渗水，主缆索跨过索鞍部分索股钢丝有无挤扁现象（1类1次/2月、2类1次/1月 3类2次/月 4类4次/月）；安装除湿系统的主缆，系统工作是否正常，主缆排气口湿度是否满足要求（4次/月）（桥梁工程师、腾冲分处领导、养护科负责人）	外表面的清洁每年不少于1次。应涂刷主缆油漆剥落、破损部位，更换老化失效的油脂，每年应不少于1次
7		悬索桥吊索			有无异常振动、防护破损、锚头渗水、销轴磨损或卡死，叉形耳板与锚杯连接螺纹是否松动或锈蚀（1类1次/2月，2类1次/1月 3类2次/月 4类4次/月）（桥梁工程师、腾冲分处领导、养护科负责人）	外表面的清洁每年不少于1次。吊索及减振架出现轻微涂层劣化时，应进行维护性涂装；应定期对吊索的锚头、叉耳与销子涂刷防锈漆，保持涂层完好；应保持减振架及其减振性能完好

续上表

检查项目	系统名称	部件名称	缺损位置及病害描述（含检查发现时间）	整治进展状况	巡查频率、责任人、参考标准，无特殊备注的(1类2类1次/3月、3类4类1次/月)	日常养护及预防养护内容
8	主缆体系	索鞍			有无异常的位移、卡死、辊轴歪斜；构件锈蚀、破损；鞍座混凝土开裂(1类1次/4月、2类1次/3月、3类1次/2月、4类1次/1月)(桥梁工程师、腾冲分处领导、养护科负责人)	外表面的清洁每年不少于1次；索鞍(套)钢构件涂层出现轻微涂层劣化时，应进行维护性涂装；索鞍(套)应保持干燥、清洁，无漏水、无积水；固定索鞍(套)及鞍座所含槽口拉杆、鞍体对合螺栓、鞍座固定螺栓，应每3年检查重拧一遍，防止松脱；应更换存在脱落、卡嵌、剩余磨耗厚度过低现象的散索套四氟滑板；索鞍的辊轴或滑板应保持正常工作状态；根据产品说明定期更换润滑油或防锈油，发现润滑油或防锈油失效时应立即更换
9		锚碇内索股			有无涂层劣化、破损；索股钢丝锈蚀、断裂(1类1次/4月、2类1次/3月、3类1次/2月、4类1次/1月)(桥梁工程师、腾冲分处领导、管理处领导)	外表面的清洁每年不少于1次
10		主缆防护			有无破损、老化、接缝处渗漏水(1类1次/4月、2类1次/3月、3类1次/2月、4类1次/1月)(桥梁工程师、腾冲分处领导)	外表面的清洁每年不少于1次；当采用涂层防护的主缆出现轻微涂层劣化时，对主缆防护涂层进行维护性涂装，补涂的工艺、材料和质量要求与原设计相同
11		索夹			有无松动和明显的滑移痕迹，填缝是否完好、是否锈蚀；螺栓是否存在失效(1类1次/4月、2类1次/3月、3类1次/2月、4类1次/1月)(桥梁工程师、腾冲分处领导、养护科负责人)	外表面的清洁每年不少于1次；索夹及其螺杆的涂装出现轻微涂层劣化时，应进行日常维护性涂装；更换索夹端部及半索夹缝隙间老化的填缝密封胶；索夹填缝密封胶出现开裂、剥落等老化现象时，要及时更换，防止水分从索夹处侵入主缆；索夹螺杆应保持紧固力不低于其安装设计值的70%；建成通车第一个5年内，每年均匀选取不少于40%的螺杆，每2年半复拧一遍；建成通车5年后，可根据对靠近索塔处索夹螺杆紧固力定期检查的结果进行评估，确定各跨每年选取的比例和位置；索夹螺杆复拧时应避免单个张拉螺杆导致索夹的受力不均，宜对一个索夹的螺杆进行交叉张拉，对称施拧

续上表

检查项目	系统名称	部件名称	缺损位置及病害描述（含检查发现时间）	整治进展状况	巡查频率、责任人、参考标准，无特殊备注的（1类2类1次/3月、3类4类1次/月）	日常养护及预防养护内容
12	主缆体系	索股锚固体系			有无锚杆异常拔动、滑移；锚固拉杆涂层劣化、破损；预应力锚头锈蚀、漏油、渗水、锚头周围混凝土开裂、连接器-拉杆组件是否锈蚀、开裂、侧压（1类1次/4月、2类1次/3月、3类1次/2月、4类1次/1月）（桥梁工程师、腾冲分处领导、养护科负责人）	外表面的清洁每年不少于1次；连接杆件及锚头位置及时更换老化失效的油脂，每年应不少于1次
13		扶手绳及立柱			有无涂层劣化、破损；绳体锈蚀、断裂；立柱固定扶手绳位置及底部固定连接是否稳固有效，立柱是否歪斜倾倒（1类1次/12月、2类1次/6月、3类1次/3月、4类1次/1月）（桥管站）	外表面的清洁每年不少于1次。定期进行打油、涂漆防护，其锚固点有锈蚀或损坏的，应及时维修更换
14	加劲梁	钢箱梁加劲梁			内部：有无涂层粉化、起泡、脱落、裂纹；结构表面裂缝、焊缝开裂、高强度螺栓锈蚀、松动或缺失；构件局部异常变形；有无水迹或积水（桥梁工程师、腾冲分处领导）。底面及侧面：钢梁板涂层破损，焊缝开裂，导流板板脱落变形，螺栓松动（1类1次/4月、2类1次/3月、3类1次/2月、4类1次/1月）（桥管站）	钢加劲梁的日常养护宜根据检查结果清理结构内外表面，每年应不少于2次，暴露于桥面的部分应每季度1次；锚拉板式应对锚拉板和焊缝表面及周围的灰尘、积水、垃圾、杂物等进行清理；对板和护筒面及周围的灰尘、杂物进行清理，对构件的连接部位和锚箱内积水进行清理；钢加劲梁涂层出现轻微劣化、开裂或局部脱落，涂层防护的维护性补涂，补涂的工艺、材料和质量要求与原设计相同；如钢加劲梁出现渗水、积水，应及时查明原因并采取针对性措施，除锈时，应注重对结构焊缝和吊索锚具的保护
15		钢箱梁吊索锚固区			吊索锚固构造；有无积水，钢构件涂层劣化、剥落；结构锈蚀、焊缝裂纹、螺栓松脱断裂（1类1次/6月、2类1次/3月、3类1次/2月、4类1次/1月）（桥管站）	钢加劲梁索缆锚固区的日常养护宜根据检查结果清理结构内外表面，每年应不少于2次，暴露于桥面的部分应每季度1次；耳板式焊接接头应对耳板、螺栓和销孔表面及周围的灰尘、积水、垃圾、杂物等进行清理；钢加劲梁索缆锚固区涂层出现轻微劣化、开裂或局部脱落，锚固区涂层防护的维护性补涂，补涂的工艺、材料和质量要求与原设计相同；锚固区除锈时，应注重对结构焊缝和吊索锚具的保护；锚固区出现渗水、经常性积水时，应及时查原因并采取针对性措施

续上表

检查项目	系统名称	部件名称	缺损位置及病害描述（含检查发现时间）	整治进展状况	巡查频率、责任人、参考标准，无特殊备注的（1类2类1次/3月、3类4类1次/月）	日常养护及预防养护内容
16	索塔	索塔（如有含上部横梁）			混凝土塔体内部:有无开裂、露筋、钢筋锈胀；索塔根部:有无劣化、破损；裂缝、渗水、表面风化或冲刷剥落、露筋、空洞、钢筋锈蚀(以上项目1类1次/6月、2类1次/4月、3类1次/2月、4类1次/1月)；塔内检修通道:有无涂层劣化,结构锈蚀、断裂,构件缺失(1类1次/6月、2类1次/4月、3类1次/3月、4类1次/1月)(桥管站)	应以清洁和保养为主要内容索塔内部清洁的频率每年不少于1次；索塔清洁应对结构表面的松散混凝土、杂物、积水与生物附着物进行清除；索塔内的排水系统应处于正常工作状态,如存在积水应及时进行清除,经常出现积水的部位,应分析原因并及时采取封堵、防护涂层与导排等措施；索塔涂层轻微劣化或局部破损时,应进行维护性补涂,补涂的工艺、材料和质量要求与原设计相同
17	锚碇	锚室（前后）			有无积水;混凝土开裂,露筋、空洞和钢筋锈蚀;锚室接缝或裂缝渗漏水(1类1次/2月,2类1次/1月3类2次/月4类4次/月);有无目视可见的整体沉降与位移;通过周边山体裂缝需加强保山岸锚体(1类1次/12月、2类1次/6月、3类1次/3月、4类1次/1月);安装除湿系统的锚室,系统工作是否正常,室内空气湿度是否满足设计要求(4次/月)(桥梁工程师、腾冲分处领导、养护科负责人、保山管理处领导)	各构件的清洁每年应不少于1次;清理外表面附着的青苔、杂草、积水、杂物和其他污秽,以及锚室内表面、散索鞍(套)和周围的灰尘、杂物、积水等;更换无黏结预应力锚固系统老化变质的油脂;更换锚头内老化的防护油脂;涂刷锚固系统外露的金属构件;涂刷钢锚梁及设有涂层混凝土锚梁内外破损的涂层;涂刷锚碇内预埋金属件;疏通锚碇与锚梁的排水系统
18		鞍室			有无密封不严、构件破损(1类1次/4月、2类1次/3月、3类1次/2月、4类1次/1月);安装除湿系统的鞍室,系统工作是否正常;室内空气湿度是否满足设计要求(4次/月)(桥管站)	
19	下部结构	支座			有无异常位移、错位、变形、脱空等现象;支座钢构件锈蚀、裂缝、变形;滑动面磨损;固定螺栓剪断、螺母松动、锈蚀;防尘罩破损;垫石破损(桥梁工程师、腾冲分处领导、养护科负责人)	以清理支座表面与周边的垃圾、杂物,清洁滑动和转动面脏污,紧固松动螺栓为主要内容;每年不应少于2次;支座钢构件涂层轻微劣化或局部破损时,应进行维护性补涂;及时拧紧松动支座的螺栓,使支承垫板平整、牢固

续上表

检查项目	系统名称	部件名称	缺损位置及病害描述（含检查发现时间）	整治进展状况	巡查频率、责任人、参考标准，无特殊备注的(1类2类1次/3月,3类4类1次/月)	日常养护及预防养护内容
20		阻尼器			有无漏油,螺栓松脱断裂,行程异常,涂层劣化、破损（桥梁工程师、腾冲分处领导、养护科负责人）	以表面清洁、紧固松动的螺栓为主要内容,宜结合定期检查采用人工清扫与检查,每年应不少于1次;对各连接件销轴处及活塞镀铬外表面涂抹适量的油脂,每年不少于1次;对连接件及阻尼器涂层劣化、破损、锈蚀部分重新涂装
21	下部结构	横梁			与索塔一致	索塔一致
22		墩身			与索塔一致	桥墩与基础的日常养护应以墩台清洁为主要内容,实施墩台清洁的频率每年应不少于1次,并清除桥墩、桥台、承台表面的青苔、杂草、灌木和污物,清除桥墩顶部或盖梁顶部的垃圾和施工遗留物;支座钢构件涂层轻微劣化或局部破损时,应进行维护性补涂;对存在冲刷的墩柱进行防护
23		墩基础			加强腾冲岸主塔下方边坡检查巡查;检查古滑坡体是否稳定,无掏空、允许少许冲刷（桥梁工程师、腾冲分处领导、养护科负责人）	
24	除湿系统				箱梁内、锚室内、主缆除湿系统是否工作正常,其空气湿度是否满足设计要求（桥管站、桥梁工程师、腾冲分处领导、保山管理处领导）	以系统保养为主要内容,宜结合机组的运行状况和使用环境,按产品设计使用说明书的要求周期性进行;应视老化情况,定期更换缆套端口及上、下半间的密封条或采取可靠的技术重新密封
25	附属设施	主桥养护用桁车、检修电梯、轨道车			有无运行不正常的情况,涂层劣化、破损,钢结构锈蚀与异常变形,螺栓松脱、锈蚀（桥管站）;内部轨道检查车、照明是否运行正常的情况（桥管站）;电梯是否在国家强检有效期内（腾冲分处领导）	检修车、电梯的养护应由具备相应资质的单位实施,并使其处于功能完好和安全可靠的状况;检修通道、固定或移动平台清洁的频率每年不应少于1次;检修通道、移动平台的滑动、转动部位每年应涂覆1次润滑油;结构定期检测后,应根据检测结果对表面缺陷及时进行维护性涂装;加劲梁底部检修车应每年至少进行1次保养;加劲梁内部检修车应每3年至少进行1次保养;电梯应每1年至少进行1次保养;检查车和电梯应每3个月运行开动不少于1次

续上表

检查项目	系统名称	部件名称	缺损位置及病害描述（含检查发现时间）	整治进展状况	巡查频率、责任人、参考标准，无特殊备注的(1类2类1次/3月,3类4类1次/月)	日常养护及预防养护内容
26	附属设施	桥铭牌			完好无损(桥管站)	无
27		变形观测点			基准控制网点完好无损(日常巡检桥管站、定检单位、保山管理处复核观测报告)	主控制网控制点、观测点是否完好,有无缺失、破损、锈蚀、断裂等情况,如有损坏要及时、准确更换
28	供配电及安防系统	变配电室			防尘、防潮、防小动物(桥管站)	应由具备相应资质的单位实施,并使其处于功能完好和安全可靠的状况;各设施的清洁每年不少于1次
29		监控系统			功能正常、设施完好	
30		监控显示屏			运行正常	
31		传输管线			设施完好	
32		沿线配电箱			设施完好	
33		手孔井及人手井			设施完好	
34	照明系统	照明系统			箱梁内、主塔内、锚室内运行正常	以清洁和保养为主要内容,各设施的清洁每年不少于1次;及时维修更换损坏灯具,防爆灯
35		夜景灯饰照明系统			运行正常	
36		航空灯系统			保证航标灯供电正常	
37	接地系统	防雷接地			保护有效	各设施的清洁每年不少于1次。避雷针接地线附近严禁堆放物品和修建任何设施,地线的覆土禁止开挖,并应防止冲刷避雷针和引线及地线。防雷设施的养护应依照相关标准执行
38		工作接地			保护有效	
39		保护接地			连接正常	
40		防雷检测			保护有效	

续上表

检查项目	系统名称	部件名称	缺损位置及病害描述（含检查发现时间）	整治进展状况	巡查频率、责任人、参考标准，无特殊备注的(1类2类1次/3月、3类4类1次/月)	日常养护及预防养护内容
41	定期监测（桥梁健康监测系统）	前端采集			功能正常,设施完好	日常养护应以清洁与保养;处于室内环境硬件的清洁每年不少于2次,处于室外环境硬件的清洁每年不少于4次;应更换达到设计工作寿命95%以上的设备;应按规定对系统所含传感器进行定期检定校准;软件系统应根据硬件系统的更换,做好对新旧监测数据的重新标定、衔接和更新
		前端控制			功能正常,设施完好	
		信号传输			功能正常,设施完好	
		储存与显示			正常行使监测功能,输出监测报告	
		变形观测			正常例行检测	
		索力测试			各项检测值在桥梁设计规范允许范围内	
		应力测试			各项检测值在桥梁设计规范允许范围内	
		其他数据			设备正常	

制表： 检查人员： 稽查人员： 分管领导：

附录 5　工作内容及费用清单

龙江特大桥 2023—2027 年度检测、技术服务、养护工作内容及费用清单（规划）　附表 5-1

细目号	养护细目名称	频率	特征描述	计量单位	综合单价（元）	年份 2023	2024	2025	2026	2027	说明
1	定期检查	年、次	主桥	元/m							参考定期检查中标价
			引桥	元/m							
2	变形观测	年、次	桥面高程	元/点							
			索塔倾斜度	元/点							
			主缆线形	元/点							
3	吊索索力测量	每年抽取		元/根							400 元/根
4	吊索锚头检测	每年抽取		元/处							借鉴九江二桥，上下锚检查 800 元
5	主缆索夹紧固力检测	每年抽取		元/处							
6	吊索护套外观专项检查	每年抽取		元/根							借鉴九江二桥聚乙烯（PE）护套外观专项单价，1500 元/根
7	吊索内部钢丝锈蚀检查	据实		元/根							抽检，暂估每年 5 万元
8	主缆护套外观专项检查	每年		元/根							
9	主缆内部钢丝锈蚀检查	据实	含材料、开缆及恢复费用	元/项							
10	高强度螺栓及焊缝专项检查	每年抽取 100m		元/m							借鉴九江二桥焊缝专项单价 150 元/m
11	钢箱梁疲劳裂纹专项检查	每年		元/m							
12	钢箱梁涂层厚度测量	据实		元/点							
13	混凝土结构无损检测	据实									
14	结构空间变位测量	据实									借鉴九江二桥结构空间变位测量单价，含桥面线形和索塔偏位测量，主桥含主塔总长×2m，80 元/m，引桥长×2m，40 元/m，取整后计

续上表

细目号	养护细目名称	频率	特征描述	计量单位	综合单价（元）	年份 2023	2024	2025	2026	2027	说明
15	全桥动力特性检测	据实									依据《公路桥梁荷载试验规程》（JTG/T J21-01—2015），加劲梁按跨径16等分布置，桥塔按高度5等分布置，共计26个截面，单价依据《公路工程试验检测费用研究与计费指南》确定为1.00万元/截面
16	应急检查（针对峡谷风、火灾、地震等影响下的应急检查）	据实									峡谷风、火灾、地震、撞击等特殊事件发生时进行，含应急检查、计算分析、安全评估、报告编制、出版、评审、差旅等费用合计为20万元/项
17	宏观受力专项评估结构空间变位专项评估	据实									专项评估、综合评估的难度较大，需要大量的计算、分析工作，此部分取费主要考虑人力资源成本，5万/次
18	宏观受力专项评估结构动力特性专项评估	据实									
19	结构易损性专项评估索力及振动专项评估	据实									
20	加劲梁疲劳专项评估	据实									
21	维修设计与咨询（暂列金额）	据实									主要为该桥每年的维修设计、技术咨询、现场差旅、专家评审会等，参考九江二桥该项80万元/年的合同，费用按其75%计，每年60万元

续上表

细目号	养护细目名称	频率	特征描述	计量单位	综合单价（元）	年份 2023	2024	2025	2026	2027	说明
22	桥梁日常养护										
22-1	桥面保洁(含伸缩缝清理、泄水孔清理)			km							列入道路日常养护
22-2	桥梁排水系统疏通										
22-2-1	桥梁排水系统疏通	1次/年	清理	m							汛期加强
22-2-2	人工清淤		清理	m³							
22-3	伸缩缝维修	据实	修理								
22-4	防撞护栏清洗	1次/年		季							
22-5	墩台清理	1次/年	清理	m³							
23	桥梁养护维修										
23-1	裂缝处理	1次/年									
23-1-1	表面裂缝封闭处理		涂封闭材料	m							
23-1-2	裂缝注胶处理		裂缝注胶	m							
23-2	粘贴碳纤维布	据实	构件表面处理、粘贴碳纤维布	m²							构件表面处理，粘贴碳纤维布
23-3	粘贴钢板加固	据实	粘贴钢板	m²							构件表面处理，粘贴钢板
23-4	砂浆修补缺陷	1次/年									
23-4-1	水泥砂浆修补		清理、砂浆修补	m²							单处不足0.5m²的按0.5m²算
23-4-2	环氧砂浆修补		清理、砂浆修补	m²							单处不足0.5m²的按0.5m²算
23-5	混凝土缺损修复	1次/年	凿除混凝土、清理；混凝土拌和、运输、浇筑、养生	m³							不足0.1m³按0.1m³算

续上表

细目号	养护细目名称	频率	特征描述	计量单位	综合单价（元）	年份 2023	2024	2025	2026	2027	说明
23-6	护栏维护与更换										
23-6-1	混凝土护栏修复	据实	焊接、弯头制作、安装	m³							单处不足0.5m²的按0.5m²算
23-6-2	钢护栏刷漆	据实	清理、刷漆	m²							仅涂一道漆价格
23-6-3	钢护栏更换	据实	拆除、更换	kg							
23-7	伸缩装置维修	据实									
23-7-1	锚固混凝土修复		凿除混凝土、清理；混凝土拌和、运输、浇筑、养生	m³							
23-7-2	更换伸缩缝橡胶带		焊接、安装、固定	m							
23-7-3	更换钢遮板		焊接、安装、固定	kg							
23-7-4	钢遮板刷漆		清理、刷漆	m²							
23-8	支座调整与更换	据实									
23-8-1	混凝土支座包裹处理（人工凿除）			墩							
23-8-2	支座注油			套							
23-9	桥梁排水设施修复	据实									
23-9-1	支架		制作、安装	个							
23-9-2	聚氯乙烯（PVC）管		切管、埋管卡、安水管、黏结等	m							
23-10	钢构件外表面局部涂装（检修梯）	1次/年	清洗、除锈、油漆	m²							

续上表

细目号	养护细目名称	频率	特征描述	计量单位	综合单价（元）	年份 2023	2024	2025	2026	2027	说明
24-1	主塔										
24-1-1	内部保洁	1次/季	清扫	季							
24-1-2	塔身刷漆、涂装	据实	清洗、除锈、油漆	m²							
24-2	吊索										
24-2-1	上锚头补油	1次/5年	清理、补充防腐油脂	个							
24-2-2	下锚头补油	1次/5年	清理、补充防腐油脂	个							
24-2-3	PE护套修复	据实	修复	m²							
24-2-4	吊索清洗	次/年	清洗	根							
24-2-5	阻尼器维修与更换	据实		个							大小不一样,价格不同,建议实际价格加安装费
24-2-6	吊索护套修复	据实	修复	m²							单处不足1m²的按1m²算
24-2-7	吊点维修	据实	除锈、密封	处							
24-2-8	减振器涂层修复	据实	清洗、除锈、油漆	m²							
24-2-9	减振器更换	据实	据实	个							
24-3	螺栓										
24-3-1	M24高强度螺栓更换			套							
24-3-2	M16高强度螺栓更换			套							
24-4	主缆、索夹										
24-4-1	涂装维护	据实	清洗、除锈、油漆	m²							

续上表

细目号	养护细目名称	频率	特征描述	计量单位	综合单价（元）	年份 2023	2024	2025	2026	2027	说明
24-4-2	填缝密封胶更换	据实		m							
24-4-3	索夹紧固力修复	据实		套							
24-4-4	索鞍钢构件涂层修复	据实	清洗、除锈、油漆	m²							
24-4-5	主缆主缆清洗		清洗	根							
24-4-6	主缆护套修复		修复	m²							
24-4-7	主缆涂装修复		清洗、除锈、油漆	m²							
24-5	钢箱梁										
24-5-1	内部保洁	1次/季	清扫	季							
24-5-2	除湿系统维护	1次/季	保养、维修	季							
24-5-3	检查车维修涂装	1次/年	清洗、除锈、油漆	m²							
24-5-4	箱梁索力锚固区维修	据实		m²							
24-5-5	钢箱梁维修防腐涂装	据实	清洗、除锈、油漆	m²							
24-5-6	钢箱梁裂纹处理	据实		m							
24-5-7	钢箱梁焊缝裂纹处理	据实		m							
25	桥面专项养护维修										
25-1	沥青桥面灌缝										
25-1-1	直接灌缝			m							
25-1-2	开槽灌缝			m							
25-1-3	贴缝带			m							

续上表

细目号	养护细目名称	频率	特征描述	计量单位	综合单价（元）	年份 2023	2024	2025	2026	2027	说明
25-2	桥面坑槽修补	据实									
25-2-1	热料热补			m³							
25-2-2	冷料冷补			m³							
26	航空障碍灯及照明设施维修更换	据实		总额							

注:1)取费标准

根据检测与技术服务工作内容的不同,相关费用通过下述几种途径进行调研和估算,并结合龙江特大桥的实际情况进行了适当的调整。具体如下:

(1)参照贵州、云南、湖北、安徽、江苏几省现行定额和取费标准,如《公路工程竣(交)工验收检测收费计算办法》对本方案中部分检测项目的取费标准有明确的规定。

(2)养护项目单价预算,主要参照贵州、云南、湖北、安徽、江苏几省的同类型公路大桥养护项目招投标价格。

(3)类比其他养护工程项目。对于没有取费标准的养护和维修工作,参考类似工程项目实际发生的费用来估算。

(4)市场调研。对于参考资料很少的管养项目,则通过向设备商、材料商、施工单位等询价的方式进行估算。

2)说明

(1)桥梁检查检测费用根据工程量按单价取费计算。

(2)专项评估、综合评估技术难度较大,需要大量的计算、分析工作,此部分取费主要考虑人力资源成本。

(3)维修设计与咨询,主要考虑人力资源成本。

(4)养护项目预算单价为考虑人工、材料、措施、管理等的综合单价。